一瞬でメンタルが強くなる33のメソッド

1分
自己肯定感

The 1-minute Self-affirmation

中島 輝

マガジンハウス

プロローグ

なぜ、この「たった1分」が成功をつくるのか

本書を手に取ってくださってありがとうございます。
自己実現のサポートを得意とする、メンタルコーチの中島輝です。
いきなりですが、1つ質問があります。

「あなたの人生は今、うまくいっていますか？」

不思議なもので世の中では、同じような環境にいるのに**「めちゃくちゃうまくいってい**

る人」と「なんだかイマイチ突き抜けられない人」がいます。

能力的に大きな差があるようには見えないのに、仕事の成果が出る人、出ない人。

自分を変えたいと願って行動し、納得のいく結果が得られる人、途中であきらめてしまう人。

コツコツとキャリアを重ねて経済的な自由を手に入れた人、同じ年月働いたのに蓄えが足りなくなる人。

なんとなく人よりも幸運に恵まれている人、ツキに恵まれないとボヤきがちな人。

同じ環境下で、**同じ条件でスタートしたのに、気がつけば差がついている**――よく考えてみれば、その要因はどこにあるのでしょうか？

これまでの多くの自己啓発書によれば、「ゴール設定が大事だ」とか「忍耐力がある人が成功する」とか「運のよさが大きい」など、その「成功のカギ」はさまざま。

加えて、心理学者ソニア・リボミアスキーによると、実際に自分が満たされており、おおおむね幸せだと感じている人は、仕事のパフォーマンス、健康状態、収入、友人関係、結婚生活においてもきわめて良好な結果を得ているといいます。

「自分は満たされ、幸せだと感じている人は、成功しやすい」――なんだか当たり前のように思えます。

それに、仕事や人間関係がうまくいっているから、人生に満足できるのでは？

人生にポジティブな気持ちを抱けるのは、まず職業上の成功や十分な収入や、自分を理解してくれる素晴らしいパートナーが必要なのではないか？

卵が先か、鶏が先か。ここでさらなる疑問が生じます。

同じような境遇にいるにもかかわらず、なぜ「自分は恵まれている」と感じている人と、いつまでも満足ができない人がいるのでしょうか？

極端なことを言うと、誰しも「なにがしかの財産が手に入ったけれど、孤独で不安で、とてつもなく不幸」という状態にはなりたくないはず。ですが、経済的な自由を手に入れ、社会的な地位が高い人であっても、一定数そういう人は存在します。

高名な行動経済学者ダニエル・カーネマンとノーベル経済学賞を受賞したアンガス・

ディートンも**「高収入は一定の生活水準の評価にはなるが、心の健康においてはあてにならない」**と結論づけています。

だとすれば目指すところは、どんな立場にあっても自分の能力を最大に発揮し、今よりもっとイキイキと仕事ができたり、人間関係を楽しんだり、自分の好きなことで、思いどおりのキャリアアップを図れたりすることでしょう。

本書が解いていくテーマはズバリ**「メンタルの力を200%フルに活かして行動し、揺るぎのない人生を築いていく方法」**です。

メンタルを"1分で"バージョンアップ!

冒頭の質問に戻りましょう。

「あなたの人生は今、うまくいっていますか?」

仕事、人間関係、恋愛、経済的な安定と自由、目標の実現など、これまでの人生を振り返って、どう感じていますか？

じつはこの質問にはっきりと答えられる人は、ほとんどいません。

なぜなら、同じ人でも時期や環境、メンタルの状態によって有頂天になるときと、ドン底に落ち込むこときがあるからです。

当たり前のことを……と思われたかもしれません。しかし、「ツキにも恵まれ、努力が結果につながる人」には、明らかにほかの人とは違う感覚があります。

それは**「うまくいっている」と感じる時間を長くする習慣、落ち込んだときにメンタルをサクッと切り替えるコツを手に入れているか**どうかです。

それには**「自己肯定感」**という心のしくみが深くかかわっています。

「〝自己肯定感〟って、最近メディアでも話題になっているので気になっている」という方が増えました。私の前著『自己肯定感の教科書』（ＳＢクリエイティブ）は、そんな皆さまに手に取っていただき、おかげさまでベストセラーになっています。

前著では、持続的（長期的）／瞬発的（短期的）、２つの側面から、自己肯定感の伸ばし方があることをご紹介しました。じわじわ伸ばす方法、パッと伸ばす方法、この合わせ技を実践することで自己肯定感は養われていくということです。

しかし、本書ではさらにその**〝進化バージョン〟**をお伝えしようと思います。

こうしているあいだにも、私たちの生活は続き、アクションを起こすことが求められます。アクションを起こせば、なにかしらの結果も出るでしょう。**できることなら今すぐに、ややこしい話抜きで自分を変える方法はないだろうか？**——そう思うのが自然です。

そんな忙しい私たちに有効なのが、毎日**「1分だけ」**自己肯定感を高める時間を取ること。

あるいは、なにか不本意な出来事が降りかかったときにも、パッと**「1分で」**自分のメンタルを切り換える方法があれば……。

悪い出来事もクヨクヨ引きずらず**「1分」**で、はね返す方法はないだろうか？

じつは、そのためにできることが、たくさんあります。

およそ半世紀前、社会が総じて右肩上がりに成長していた時代は、社会の成長をあたたかも自分の一部のように見なして自己肯定感を上げることができました。日本が豊かになるとともに、私たち1人ひとりの自己肯定感も高まる――という図式です。

しかし**現在、物質面ではなんでも手に入る時代になった一方で、この図式は崩れてしまいました。今は、自己肯定感は外側ではなく、自分で内側に見つけていくしかない時代**です。今、まさに1分の自己肯定感の積み重ねが、長い目で見た人生を左右するのです。

「でも、〝1分〟で自己肯定感を高めるって、そんなに単純なの？　短すぎない？」

このような疑問も聞こえてきます。ですが、たった1分とあなどるなかれ。

1日24時間を分に置き換えると、1440分です。そのうち、平均的に7時間20分眠っているとすると、起きている時間は16時間40分となり、1000分に相当します。

おおよそ、人は1日に1000分間くらい起きて行動している計算ですが、よく考えてみると「たったの1000分」です。

顔を洗って、歯を磨き、朝ごはんを食べ、身支度をして会社へ出かけ、オフィスに着いたら仕事をして――となると、あっというまにお昼までに300分くらい経過します。

こうしてみると、とたんに「1分」が重みをもって響きます。

たかが1分、されど1分。時間は私たちがイメージするよりずっと貴重です。

地球は分速1800キロメートルで回転し、1分のあいだに世界中で約1億8800万通のメールが送信されています。そしてこの1分で、地球上には約250人の人間の赤ちゃんが誕生しています。

「たった1分」だけではなく、「この貴重な1分」で、できることがあるはずです。


本書でご紹介していくのは、心理学、脳科学、医学、行動科学などで実証された、もっともメンタルに効く方法ばかり。私自身の、のべ1万5000人にわたるコーチングやカウンセリングの現場でも、大きな成果を上げているメソッドを厳選してあります。

「行動」を「結果」につなげる科学的手法

もし、あなたが「自己肯定感」というキーワードに興味を持ち、この本を手に取ってくださったのなら、きっとこんな思いが心のどこかにあるのではないでしょうか？

「仕事のやり方を改善したいけれど、どこから手をつければいいのかわからない」

「将来のことを考えると、モヤモヤする」

「職場の人間関係や客先への対応が苦手。自分はメンタルが弱いのではないか？」

「比べても仕方ないのに、まわりと自分を比較して焦っている」


どこかで引っかかる感覚があって、なにかを変えなければいけないような気持ち。

これは誰もが抱える心の動きです。

そこで、世の中の自己啓発書や、成功した起業家たちはこう言うかもしれません。


「とにかく今すぐ行動しなさい」


だけど、どうやって？　それができたら悩んでないよ？

そう、そこにはちょっとしたコツが必要です。ただやみくもにポジティブ思考で突き進んでも仕方がない。まずは自分の「強固な足場＝自己肯定感」をつくることから始めましょう。

本書の目指すところは、次の3つのポイントです。

1　自己肯定感を一瞬でグッと上げ、いい「人生の足場」をつくる

2　たとえ落ち込んでも、1分ですぐに切り替えるマインドセットを身につける

3　行動したことが確実に、いい結果になってはね返ってくるサイクルを回す

今まさにうまくいっている人ほどなぜ、次々と好循環の連鎖を起こすことができるのか。

成功者は必ず、ここでご紹介していく「1分でできる方法」を取り入れながら、日々「自己肯定感」のメンテナンスを行い、試行錯誤し、失敗を成功につなげるサイクルをつくり、長期的に圧倒的な差を生み出しています。

冒頭で「幸せな人ほど、職業上の成功を手に入れる」と述べました。まさにこれこそ「自己肯定感」のなせる業《わざ》です。

みなさんと一緒にその秘密を探っていきましょう。

もくじ

PART 1 「1分で」人生は思いどおりに変えられる

PART 2

その瞬間に「自己肯定感」はつくられる

PART 3

感情 1分で逆境に強くなる「しなやかなメンタル」

PART 4

物事のとらえ方

「目の前で起こること」を一瞬でプラスに変換する法

PART 5

行動 「1分習慣」が人生のクオリティを爆上げする

PART 1

「1分で」人生は思いどおりに変えられる

いつのまにか差がついてしまう理由

私は35歳のときまで、さまざまなメンタルの不調に悩まされてきました。このときの経験は過去の著作に詳しいので、ここでは省きますが、そのときの私が頭のなかでグルグル考えていたことはこういうことでした。

「がんばっているのに、理想の結果につながらない」
「夢を持てと言われるけれど、自分のやりたいことがコロコロ変わる」
「ポジティブに考えようとは思うけれど、3日坊主で続かない」

こういったモヤモヤにさいなまれ、打開策を探しつづけていたのです。

悩み抜いた私はその後、心理学や脳科学、認知科学、心理療法の独学を続け、みずからの回復に活かしていくという〝人体実験〟をくり返しながら、メンタルコーチングのメソッドを開発、実践してきました。

現在まで、1万5000名を超えるクライアントの方々に、コーチング／カウンセリングを行うまでになり、うれしいことに95％の方々が成長や自己実現を実感されています。

その過程ではっきりと見えてきたことがあります。

それは仕事、人間関係、お金、健康、恋愛・結婚、子育て、目標達成、願望実現する上で……私たちの人生を左右するしくみです。

じつは、一度このしくみがわかってしまうと、今まで何年悩みを抱えていようと、しつこく自分の肩にのしかかっていたプレッシャーから一瞬でスーッと解放され、「あっ、そういうことだったのか！」と、たちまち人生の視界がひらけてきます。

いったい自分が何年も、引きずっていたことはなんだったのか……。

本当は一瞬で、**たった〝1分あれば〟自分を変えることは可能**なのに——。

カギをにぎっているのは、本書であつかっていく「自己肯定感」（パート2でくわしく解説します）と「感情、物事のとらえ方、行動のトライアングル」です。

人間は、生きているかぎりどの瞬間にも、次の「トライアングル」（27ページ参照）を回すことで、自分の人生を前進させているのです。この3つの要素のうち、どれが欠けても人生は成り立ちませんし、さらにどれもが相互に強く影響し合っています。

1 感情 あなたの「気持ち」の部分です。

たとえば、成功者たちはポジティブな感情を使って↓プラスに物事をとらえ↓「行動のアクセル」を踏んでいます。

逆に、ネガティブな感情を抱くと↓マイナスに物事をとらえ↓「行動にブレーキ」がかかってしまいます。

2 物事のとらえ方 目の前の出来事に、どのような「意味づけ」をするかです。

たとえば、プラスに物事をとらえるから↓ポジティブな感情が生まれ↓「行動のアクセル」を踏む気になれます。

一方で、マイナスに物事をとらえるから↓ネガティブな感情が生まれ↓「行動にブレーキ」をかけることになります。

3 行動 今、どんな「アクション」を取るかで、未来の可能性は変わります。

「行動のアクセル」を踏むから↓ポジティブな感情が生まれ↓プラスに物事をとらえられます。

または、「行動のブレーキ」を踏むから↓ネガティブな感情が生まれ↓マイナスに物事をとらえてしまう……。

あなたのまわりにいる成功者たちは、必ずこの「トライアングル」をバランスよく働かせているはずです。

逆に、がんばっているのに、なぜかうまくいかないときは、このトライアングルがギクシャクしていると考えていいでしょう。

自分自身に迷いを抱えているときほど、うまくいっている友人、若くして成功した知人などを見ていると、こんな疑問が浮かびます。

「なぜ、この人はいつも楽しそうで、忙しいときも楽観的で、やろうと思ったらすぐに行動に移すことができるのだろう？」と。


そう、そのカギこそが、前述した**「自己肯定感」**にあります。自己肯定感は「トライアングル」と連動する「成功へのハシゴ」ともいうべき、心のしくみ（67ページ参照）。

自分が自分のままであることに満足し、生きるエネルギーを与えてくる源泉です。

そして、感情を「ポジティブ」に持っていき、物事を「プラス」にとらえさせ、「行動」に「アクセルをかける」役目を担っています。

この自己肯定感が高い状態にあればあるほど、「感情、物事のとらえ方、行動のトライアングル」はスムーズに働き、仮にうまくいかないことがあってもすぐに立ち直ることができます。その役割については、パート2でくわしく見ていくこととしましょう。


このパート1では「自己肯定感」と、「感情、物事のとらえ方、行動のトライアングル」の働きを大まかに解説していきます。

人生を前進させる「トライアングル」

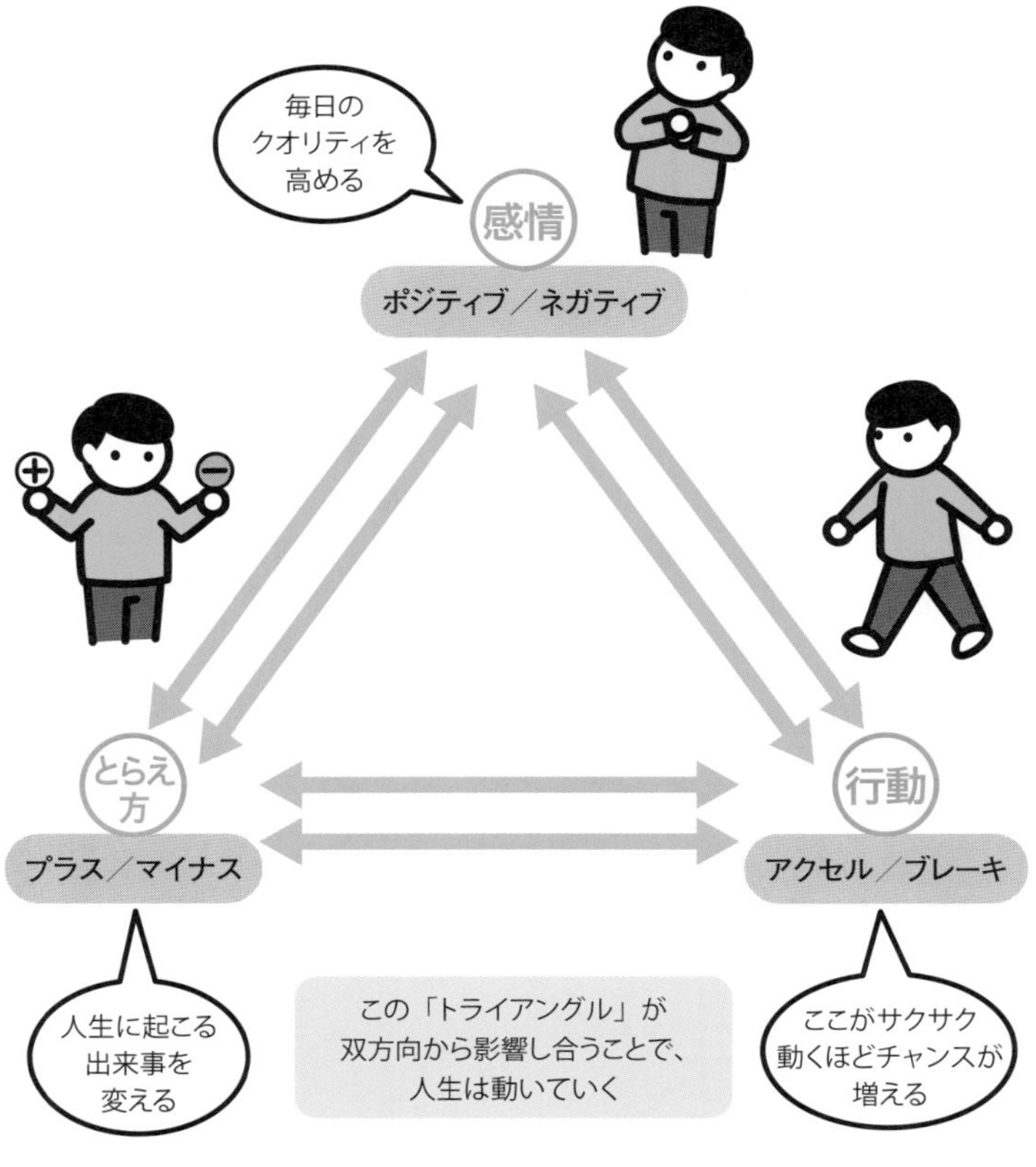

ここで重要なポイントは、**「感情」からも、「物事のとらえ方」からも、「行動」からも、いずれかを変えていくアプローチを取ることで、自己肯定感を高めていくことができる**という点です。

次のパート2では、いよいよ**自己実現へのハシゴとなる自己肯定感**について、くわしく見ていきましょう。

自己肯定感を上げる感覚を味わってもらうため、簡単な手法をいくつか紹介します。パート1でも解説しますが、「感情、物事のとらえ方、行動のトライアングル」をうまく回してハシゴをしっかり安定させておくことが目標です。

パート3、4、5は実践編です。われわれの人生のトライアングルを構成している「感情」「物事のとらえ方」「行動」を解説し、自己肯定感を上げるために実生活においてすぐに実行できる33のテクニックを見ていきましょう。

そのためにまずは、みなさんに知っておいていただきたい、3つの「鋼《はがね》のマインドセット」があります。

これは、あなたの心をガッチリと守り、そして一生の武器になる考え方です。この3つのマインドセット（思考回路）を意識しておくと、人生になにが起きようと、ずっと楽に生きられるようになります。

若いころ、不安を抱えて立ち止まっていた私は、世の中の成功している人たちというのは「自分には真似ができない特別な存在」だと思っていました。そういう人たちは自分とは違って、なにか生まれもっての不思議な力が備わっているのだと。

しかし、あとからわかったことですが、それは大きな誤解だったのです。

鋼の1分マインドセット①

メンタルが強い人は、感情を放し飼いにしない

私たちの感情は大きく2つに分けることができます。

◆ポジティブな感情——喜び・うれしさ・楽しさ・期待・感動など
◆ネガティブな感情——怒り・不満・憂うつ・くやしさ・不安など

基本的に私たちは、ポジティブとネガティブのあいだを行ったり来たりしながら生きています。その感情の動きは、スイッチのオン・オフのようにパチッと切り替わるものではありません。ネガティブな感情から一気にポジティブな感情に転じることはなく、ゆるやかにフラットな状態に向かってから移り変わっていきます。

めちゃくちゃハッピーな出来事（たとえば、ボーナスが多めに出たり、好きな人に告白しておつき合いができることになったときなど）があった日に、「さあて、今から腹が立つ奴をつかまえて文句を言ってやろうかな」という人はいませんね。

通勤電車で誰かと肩が触れ、「ちっ」と舌打ちしてしまうとき、前を走る車がトロトロしているように思えて不愉快になるときなどは、それ以前からある程度、感情がネガティブに傾いていたはずです。

逆に感情がポジティブに向いているときは、多少不快な出来事が起こっても「ま、しょうがないか」と余裕をもって考えられますし、普段なら気にも留めない空の色に喜びを感じたり、人にやさしく接したり、隣人のいいところに気づいたりできます。

こうした感情の動きそのもの（原理原則）は、どの人も変わりません。

でも、うまくいっている人はいつも落ち着いていて、余裕があるようですね？

感情的にならず、人に当たり散らすようなこともなく、周囲を盛り立てるようなコミュニケーション力を発揮しているように見えます。

しかし、彼らも常に沈着冷静でいるわけではありません。ましてや「喜び・うれしさ・楽しさ」などの「ポジティブな感情」だけで日々を過ごしているわけでもありません。

それでも、うまくいっている人が落ち着いているように見えるのは、**自分をフラットな状態に持っていき、うまく感情をコントロールする術《すべ》を知っているから**です。

「感情のスイッチ」を知る

一方で、自分の感情とうまくつき合えない人はフラットな状態になることが少なく、常に「ポジティブか、ネガティブか」を行き来しています。

スイッチのオン・オフほど急ではないものの、ささいな「出来事」に、一喜一憂をくり返すため、感情が安定しません。

イメージとしては、スクワットをくり返しているような感じ。

褒められると舞い上がり、叱られると落ち込み、待たされればムカッとし、タイミングよく物事が運べば喜び……と、感情的な反応をくり返していきます。

とくに、腹が立ったり、緊張したり、落ち込んだりといったネガティブな感情に針が触れているときは、やる気がなくなり、集中力も散漫になります。その結果、物事がうまくいかず、ストレスを溜め、「元気を出そう」「楽しもう」と考えるがゆえに、次のような行動に出てしまうのです。

憂さ晴らしのやけ酒、ストレス解消にジャンクフード、気分転換にダラダラとネットサーフィン……。

こうした対処法は一時しのぎにしかならず、一瞬フラットな状態になれたとしても、そんな自分にどこか嫌気が差し、よけいにネガティブな感情に向かってしまいます。

一方で、感情的にならず、落ち着いていて、物事をうまく運ぶことができる人は、いったいどうしているのか。

その具体的なテクニックについてはパート4で解説していきますが、フラットな状態に自分を持っていくというのはどういうことなのか、先に明かしておきましょう。

1 自己認知力――今、自分が何を感じているかを客観的に知る

2 自己評価力――結果、物事がどう見えているかを知る

3 自己修正力――自分のメガネで見えている〝世界のゆがみ〟を正す

4 自己行動力――適切に物事に対処する

このような感情と向き合う力を総称して、心理学の世界では**「メタ認知」**と呼んでいます。もう一人の自分が、頭上から自分の感情を眺め、客観視しているようなイメージ。

しかし、この「メタ認知」。口で言うのは簡単ですが、マスターするのは少しコツがいります。本パートで後述していきますが、人間はどうしても次のようなネガティブな感情のスイッチ（心理学用語で「認知バイアス」といいます）を入れがちだからです。

1　人は小さなことにとらわれがち――ささいなアラが気になり、目くじらを立てる
2　人は1つの物事に執着しがち――多面的に考えられずに、イライラする
3　人は目先の不安に流されがち――時間の余裕を持てずに、やたらと焦る

どんな人でも多かれ少なかれ、生来こういう傾向を持っているものですが、本当は次のように転換すると、ス～ッとラクになれることが多いのです。

1　大局的に考えて「ま、いっか」と鷹揚《おうよう》になったほうが、いい方向に転がる場合がある
2　「その考え方／やり方もイイね！」と言うことで、相手も自分も肩の力を抜くことができる
3　「なんとかなるよ！」と言うことで未来の可能性へ希望を託すことができる

これが、自分の感情を「メタ認知」するということ。**とらわれたり、執着したり、流されたりせずに、自分の心の中で起きていることをしっかりと見つめ、フラットな状態に戻す**ことです。

そして、これは多くの人が勘違いしていることですが、「メタ認知」は「感情を抑え込む」ことや、「感情をなくす」ことではありません。

ネガティブなことを考えないようにしなくてはいけない、暗い感情を持つ自分が悪いのだ、と考えてしまう人がいますが、**ネガティブな感情はうまく使うことで、私たちの計算能力や行動力を高めてくれます**。

ただ、それは「この怒りをプラスに変えたい」と行動を起こしてこそ。単に思うままにネガティブな感情を爆発させては、うまくいくはずの物事もうまくいきません。

逆もまた然《しか》りで、喜び・うれしさ・楽しさといったポジティブ感情も、そのまま突っ走ると、ともすれば独断専行的で、はた迷惑な行動に映ってしまいがちです。

自分にとって「いいこと」でも、他人にとって「ただの自慢」と受けとられてはもったいないでしょう。

たとえば、メタ認知を使いながら「この喜びを力に変えて、みんなのためにチームを引っ張ろう。そのために私は何ができるだろうか？」と行動すれば、「優秀で寛大なリーダー」という評価につながるはずです。

自分なりにメタ認知を行う方法を身につけ、実践することで感情をうまくコントロールする――これが本書で解説していく重要なスキルの1つです。

鋼の1分マインドセット②

メンタルが強い人は、「多面思考」ができる

物事をポジティブにとらえ、失敗してもくじけず、立ち直れる人だから成功できる――多くの人はそう信じています。

実際、どん底時代の私がずっとお世話になり、外へ出る力を与えてくれた先輩の経営者は、常に前向きでした。

仕事でトラブルが発生しても、「起きてしまったことは仕方がない」と言って、部下を励まします。不景気などで経営環境が悪化しても、「うまくいかないところを見ていてもしょうがない」と打開策を立て、前に進んでいく姿も何度も見てきました。

しかし、振り返ってみると常に前向きだと思えたその人は、忙しい日々の中に必ず自分1人で考える時間をつくっていました。

1人になったその時間で「起きてしまったこと」「うまくいかないところ」と向き合い、ポジティブ、ネガティブの双方から今後のことを検討し、結論を出していたのです。

まわりにいる人のほとんどは、本人が導き出した「結論のメッセージ」にしか触れません。

「起きてしまったことは仕方がない。トラブルを解決する過程に意味がある」

「悩んでいてもしょうがない。今回は、うまくいかないやり方がわかったと解釈して、別の方法を試してみよう」

こんなふうに言って周囲を引っ張っている姿を見れば、「なんて前向きなんだろう」と思うのも無理はありません。

でもそこに表れている言葉や行動は、自分の中でポジティブとネガティブの折り合いをつけ、そのあとに出てきた結論の部分。「あの人は根っから楽観的なのだ」と結論づけるのは早すぎます。

「あの人はポジティブだからいい」

「ネガティブな考え方はダメ」

ちまたで幅を利かせているこういった「ポジティブ信仰」ともいえる考え方は、〝大きな誤解〟です。

こんなふうに多くの人がどちらか一方に偏って考えてしまうのは、人間の特性に照らし合わせてみると、仕方がないことかもしれません。なぜなら、人間は誰しも**「自分が特別である」**と考えるからです。

たとえば、あなたがささいな理由でパートナーとケンカになってしまったとしましょう。言い合いになり、引っ込みのつかない状況です。そうなったらパートナーに対して腹が立つのが自然ですし、しばらく冷静でいられなくなります。

そして、そのネガティブな感情に引っ張られ、パートナーとの関係のとらえ方も変化し、「こんなにガンコな人とはもう、別れる！」と思うこともあるでしょう。

物事のとらえ方と感情はお互いに影響し合って変化するからです。

ネガティブな感情はマイナスの物事のとらえ方と、ポジティブな感情はプラスの物事のとらえ方と相性がよく、さらに言えば、感情と物事のとらえ方はその後の行動に強い影響を及ぼします。

さて、パートナーとケンカになったあなたは、気心の知れた友人に連絡を取ることにしました。そこであなたはパートナーに関するグチをぶちまけます。

そのとき、あなたのことをよく知る親密な友人であればあるほど、「うんうん」と共感しながらも、そっと別の見方を提案してくれるでしょう。

「そういうの、よくあることだよ。私もこの前、似たようなグチ聞いてもらったよね」
「あなたも少し言い過ぎたんじゃない？」

そこで、あなたは「そんなことないよ……」とムッとするはずです。これも自然な反応です。誰しも自分の置かれた立場は特別で、自分の悩みは自分にしかわからないと思っていますから、たとえ友人の真摯《しんし》なアドバイスにも一瞬、反発を感じるわけです。

でも、よくよく考えてみると同じような理由でケンカをしている夫婦や恋人は、いくらでもいますし、両者のうちどちらかが一方的に悪いことなどめったにありません。

その事実に気づけば、「そっか、うちだけじゃないよな」と冷静になることができ、ネガティブな感情がフラットな状態に近づいていきます。すると、パートナーとの関係のとらえ方も**極端な見方をしなくなります**。

しかし、ここで人間の心理の特性を知らないと、友人のアドバイスがあっても、プラス、マイナスのどちらかに偏ってしまっている自分の物事のとらえ方に、ますます執着してしまいます。

思考を〝メタ視点〟で眺める

職場からの帰り道、「今日の取引先での発言は失敗だったな」と思い返しているとしましょう。働いていれば、誰もが一度はそんな内省をしたことがあると思います。

物事のとらえ方がプラスに傾いてしまいがちな人は、「でもまあ、大丈夫だろう」とプラスすぎる発想で反省ゼロだったり、逆にマイナスに傾いてしまいがちな人は、「あんな失敗をしてしまう自分は、なんてダメなんだろう」とますますマイナスの想像をふくらませて泥沼に沈んでしまいます。

一方、失敗を成功の踏み台にできる人は、失敗を起点にしてメタ認知を行い、物事のとらえ方を深めていきます。ただ自分の思考の流れに任せてしまうと、プラスかマイナスどちらかに偏ってしまいがち。したがって、次の「内省」「逆転の発想」「改善案」の３つのステップに沿って考えると、**メタ認知はグッと建設的**になります。

①【内省】今の自分が疑問に思っていることを素直に問う。「なぜ？」「どうして？」「たとえば？」

「どうして、あの場であんな発言をしてしまったのだろう？」

「きっと無言になる場の空気が苦手だからだ」

「それはコミュニケーション能力に不安があるからかもしれない」

↓

②【逆転の発想】内省で出てきた答えの、真逆の発想を問うてみる。

「**不安が強いことの効用**もあるのでは？」

「昔から自分は他の人に比べて事前の準備に力を入れている」

「上司から充実した資料をつくってくれると褒められたこともある」

↓

③【改善案】次回のチャンスがあれば、なにか〝よくできること〟はないか？

「そう考えると、今回は準備不足だった。**次回はどう改善できるかな？**」

「次からは取引先のことをもっと調べていくようにしよう」

「調べた上で質問を用意していけば、会話に詰まることはないはず」

「取引先のことを教えてもらいたい聞き手のスタンスで向き合えば、相手も気持ちよく話してくれるに違いない」

「こういうことに気づけるなら、コミュニケーション能力に不安があるのも悪くないな」

こんなふうに自分の弱点についての見方を変えることができれば、プラスとマイナス、どちらか一方に物事のとらえ方が偏ってしまうこともなくなっていきます。

隠された「脳の特性」

極端で一方的な思い込みは、多かれ少なかれ誰もが持つ考え方で、**「認知バイアス」**といいます。認知バイアスとは、人間が生まれながらに持っている「脳の特性」。35ページでも少し触れました。

◆バンドワゴン思考――「みんながいいと言ったものがよく見えてくる」

◆コントロール幻想――「自分がコントロールできないことに対しても、100%自分のせいだと思えてしまう」

◆極端の回避性――「8000円のコース、5000円のコース、3000円のコース」が提示されると、多くの人は失敗が怖いので「無難な5000円（真ん中）」を選んでしまう

これらは人間の脳のはたらきにおける「あるある現象」のほんの一例です。

自分はそういった「バイアス（偏り）」とは無縁。できるだけ公平に、冷静に物事を見るように心がけている――そういう人もいるかもしれませんね。

ですが、どんなに頭のいい人でも、生きているかぎり人間は「認知バイアス」から逃れることはできません。**それに他人の「認知バイアス」ははっきりと見えて指摘できても、自分がしていることになると自覚できないもの**です。

この人間の特性を理解していると、「仕事が忙しくて自分ばっかり損をしている気がしていたけど、人間は誰しも『自分が特別である』と考えるからだな」といったように別の角度から物事をとらえることができます。

つまり、**人間の特性を知ることで物事のとらえ方に深みと広がりが生まれ、感情も行動もコントロールしやすくなる**のです。

また、「恐怖」や「悲しみ」「喜び」といった人間の「当たり前の感情」を知っておくのも1つの「人間理解」につながります。

身近な例で言えば、私たちは人前に出ると緊張します。どんなにキャリアを積んだ芸人さんも舞台に出るときは緊張するといいます。緊張はネガティブなことだと考えられがちですが、人間の特性として自然な反応です。

ところがここで、人間の特性がわからない人は「どこかに緊張しない方法はないか」と考えてしまいます。人前に出ると緊張するのは当たり前の反応ですから、しなくなる方法を見つけるのは容易ではありません。

もっとも簡単で、最悪なのは「緊張するから人前に出ない」という行動です。

でも、それは人生を好転させるチャンスをみずから手放す選択でしょう。

逆に、何事もうまくいっている人は**「緊張したままでも〝いい結果〟が出るような方法はないだろうか？」**と考えます。

プレゼン前、緊張して話せなくなったときのために、プレゼンシートをつくり込む。

極度の緊張を解くには「慣れが一番だ」と気づき、何度も本番さながらに話し方のトレーニングに励む。

緊張のドキドキを、「これは今からやるプレゼンへの期待のワクワクなんだ」ととらえる。

人間の特性を逆手にとって、行動を変えていけるマインドセットを身につけているのです。

鋼の1分マインドセット③

メンタルが強い人の行動は、「全部実験」

以前、「私、失敗しないので」が決めゼリフの、医師のドラマが人気を博しました。何事も迷わず決断し、行動している人は輝いて見えるものです。しかも、行動を必ず成果に結びつけているようにも思えますね。

しかし、これは大きな勘違いです。

私が敬愛する19世紀アメリカの思想家ラルフ・ウォルドー・エマソンは、こんな言葉を残しています。

「すべての人生が『実験』なのだ。実験をすればするほど、うまくいくようになる」（All life is an experiment. The more experiments you make the better.）と。

よく言われている言葉にすれば、「成功の条件は、成功するまで行動し続けること」となるでしょう。結果、何事も成功する人は成功するまで行動し、そうでない人は結果が出る以前にやめてしまいがちです。

この鋼のマインドセットの結論を先に書いてしまえば、成功者であっても人生の選択を誤りますし、失敗もします。小さなものから大きなものまでミスをくり返します。

それでもまた軌道修正し、新しい道を見つけ、行動し続けることをやめません。

「失敗の予防線」を張るな

とはいえ、自分のつまずきにショックを受け、次から行動することを避けるようになる気持ちもよくわかります。

実際、人間の特性の1つとして**「セルフ・ハンディキャッピング」**と呼ばれる心の働きがあるからです。

セルフ・ハンディキャッピングが働くと、人は行動を起こす前に「自分にはハンディがある」とアピールするようになります。これは万が一、**自分が取り組みに失敗したとき、周囲から「無能な人」という評価を受けないようにするため**です。

学生時代、テストの前に「全然、勉強してないよー」などと言う同級生がいたと思いますが、あのアピールがまさにセルフ・ハンディキャッピングです。

これは誰もが無意識にやってしまうこと。もし、あなたが職場で「寝てなくてさー」「この案件、上司から押しつけられたヤツでさー」とボヤいてしまうことがあったら、注意してください。自信がないゆえに、わざとそう言ってしまっているのかもしれません。

また、周囲へのアピールではなく、自分への「○○だからできなかった」という言い訳のために使われるセルフ・ハンディキャッピングもあります。

たとえば、大切な資格試験が迫ってきているのに、「同僚に誘われたから……と飲みに行ってしまう」「部屋が汚れていると集中できないから……と模様替えを始めてしまう」といった形で行動に表れます。

あえて時間や労力を無関係な用事に割くというハンディキャップを自分に課し（あえて重要なことに本気を出さず）、うまくいかなかった場合の自己弁護の材料にするわけです。

どちらのセルフ・ハンディキャッピングも行動した結果がうまくいく確率を下げてしまいます。すると、うまくいかないことを正当化するために、ますます周囲のアピールや自己弁護の材料を増やすようになってしまいます。

この負の連鎖から抜け出すには、セルフ・ハンディキャッピングという特性があると知ること。**自分が自分をだまして、大事な行動を先延ばしにしたり、わざと本気で取り組ま**

ないようにしたりしていると気づき、対策を取ることが欠かせません。

その具体的なテクニックはパート5で詳しく解説しますが、**いい選択をしようと悩むより、行動の量を増やすことが重要**です。

たとえば、**「1万時間の法則」**という有名な研究があります。

これはフロリダ州立大学の心理学者アンダース・エリクソンによるもので、**どんなに才能にめぐまれた人でも、その能力が花開くには、1万時間のコツコツとした努力が必要である**という理論です。

逆に言うと、どれほど天賦《てんぷ》の才を備えていても、経験を積むことなしに、いきなりズバ抜けた才能が外に現れることはありません。

エリクソンは、**「最終的にモノをいうのは〝何を知っているか〟ではなく、〝何ができるかだ〟」**とも述べています。新しい技術を身につけるとき、これまでの知識や経験は役に立たず、行動を起こすべきだという指摘です。

学校やセミナーで教えられたことを、「なるほど！」と納得できたとしても、それを自分の頭の中でしまっていてはなにも起こりません。みなさんがこの本を読んで新しく知ったことがあれば、ぜひ今日から行動に移してください。

50ページのエマソンの言葉を借りれば、「全部、実験♪」なのだから、お試し気分でやってみればいいのです。成功したら儲けもの。たとえ失敗したって実験ですから、ノーダメージです。

「実行」→「達成」のしくみ

以前、私のセミナーの受講生でMさんという女性がいました。

勉強熱心な人で、いつもセミナーではいちばん前の席に座り、真剣にノートをとっています。講座が終わると質問に来られ、「先生、この点についてはどうお考えですか」「私はこう思うんですけど、どうすればいいですか」と誰よりも教わったことを吸収しようという姿勢が強い人でした。

ところが、「じゃあ、今日、教えたことをやってみて、報告してくださいね」と伝えると、とたんに「できるかどうか自信がありません」と弱気になってしまうのです。

私が講座で教えていることは、「きっかけ」にしかすぎません。

結局は教わったことを「どう実行したか」によって、1人ひとりのその後が変わっていきます。なにもしなければなにも変わりません。

行動を起こすと、最初は失敗することもあるでしょう。

それを恐れて、動けないという心理はよくわかります。でも、失敗したとしても立ち直れなくなるほどの大事件は起きません。

ほとんどの場合、「あ、たいしたことは起こらないんだ」とわかり、物事のとらえ方が変わります。すると、恐れや迷いといったネガティブな感情が少なくなり、行動を起こすことへの自信がつくのです。

次の4つのポイントをよく理解しておきましょう。

1 「不安」や「恐れ」といった感情がブレーキになって、行動を止めてしまう

2 人間には、行動を先送りにしようとする特性がある

3 行動を起こせるかどうか、行動によって出た結果についてどう受け止めるかに、感情、物事のとらえ方が深くかかわっている

4「お手軽な近道」はない。結局、行動を続けるしかないこと

むしろ多くの場合、空振り（失敗）する恐れにさいなまれ、打席に立つ前にあきらめている人が多いのです。

うまくいく人・いかない人

ここまでで、何事においても人生をうまく回すための「感情、物事のとらえ方、行動」の特徴が見えてきたと思います。

そのイメージを持った上で、現在のあなたの「感情、物事のとらえ方、行動のトライアングル」にどんな傾向があるかを探っていきましょう。

いくつかの状況を想定して、AさんとBさん、自分がどちらの人物像に近いかチェックしてみてください。

コップに入っている半分の水、あなたはどう解釈しますか？

まずは、これまでも多くの本で紹介されてきた「コップの水理論」です。
コップに半分入った水を見て、どうとらえますか？

【Aさん】うまくいっていない人の法則

・物事のとらえ方／水が残り少ない。かなり追い詰められた状況にいる
・行動／節約しなくては。現状を維持できるように
・感情／不安が不安を呼んでしまう。決断は先延ばしにしながらやっていく

【Bさん】うまくいっている人の法則

・物事のとらえ方／まだこんなに残っている。挑戦していく余地は十分にある
・行動／今のうちに水を増やす行動を。どうすればうまくいくか探ろう
・感情／冷静に自分の感情を把握。焦らず問題を解決しようと考える

こんなとき、あなたはAさんとBさん、どちらに近いですか？

仕事で新たなプロジェクトに参加。しかし、1カ月経っても成果はゼロ

新商品の売り込みや新規取引先の開拓など、新たなつながりをつくる業務にたずさわることになったものの、もう1カ月。まったく成果が出ていない……。

【Aさん】うまくいっていない人の法則

・物事のとらえ方／自分はこの業務に向いていないのかも
・行動／仕方なく営業活動を続ける
・感情／自分から希望してこの業務についたわけではないので、つらい

【Bさん】うまくいっている人の法則

・物事のとらえ方／まだ1カ月、ようやく慣れてきたところ
・行動／営業活動を続けながら、うまくいかなかった理由を分析、改善
・感情／1つ目のつながりが開拓できたら、うれしいだろうなと期待

こんなとき、あなたはAさんとBさん、どちらに近いですか？

困り者と評判の上司の下で働くことになってしまったら?

社会人の悩みのアンケートで必ず上位に入るのが、人間関係です。部下の手柄を横取りする上司、思いつきで仕事を振ってくる上司、いまだに長時間労働が美徳だと考えている上司。自分とは合わない上司のいる部署に異動してしまったら……。

【Aさん】うまくいっていない人の法則

・物事のとらえ方/誰がどう見ても上司が悪い
・行動/できるだけ接点を持たないよう仕事をする
・感情/いつ難題が降りかかってくるか、不安

【Bさん】うまくいっている人の法則

・物事のとらえ方/困った上司とはいえ、仕事ですから
・行動/やるべきことを中心にテキパキ片づけていく
・感情/イライラや困惑もあるけれど、それはそれとして別のことで気分転換

こんなとき、あなたはAさんとBさん、どちらに近いですか？

ドラッカーの意外な解釈

ここで「自分はAさんに近いかもしれない……」となっても、安心してください。大切なのは、自分の現在地を知ることです。

自分が同じシチュエーションに置かれたら、「感情、物事のとらえ方、行動のトライアングル」はこんなふうになるだろうな……とイメージをふくらませてみましょう。

それが「自己認知力」のトレーニングになります。

それに実際、プラスの物事のとらえ方、ポジティブな感情を持つことがいつも正解というわけではありません。

たとえば、最初に紹介した「コップの水理論」は一般的に「まだ半分残っている」ととらえるポジティブ思考の大切さを伝えるために広く流布しています。

しかし、「コップの水理論」を世に広めた経営学者のピーター・ドラッカーの解釈は少し違います。

「コップに『半分入っている』と『半分空である』は、量的に同じである。だが、認識の仕方によって意味は異なり、取るべき行動も違ってくる。世の中の認識が『半分入っている』から『半分空である』に変わるとき、イノベーションの機会が生まれる」

つまり、**イノベーションを起こすことができる人は、マイナスの物事のとらえ方をして、「コップは半分空である」といち早く感じ取れる側だといえる**のです。

「納期まで2週間」の仕事を前に、「2週間もある」ととらえる人の姿勢は一見いいように見えますが、なかには甘く見積もって「納期は明日」となるまで放置する人もいます。

逆に「2週間しかない」と考える人は、間に合わないという最悪のシナリオを思い浮かべつつ、そうならないよう綿密なプランを立てていきます。

こういう人にとって「2週間しかない」というとらえ方は、不安や焦りなどのネガティブな感情につながりますが、むしろその感情をエンジンにして行動を起こしていきます。

前述の例に出した「うまくいっていないAさん」のマイナスのスパイラルは、

◆ネガティブな感情とマイナスの物事のとらえ方が重なった結果、不安になり、適切に行動することができない（ブレーキを踏んでしまう）

しかし、このスパイラルは次のように変換することができます。

◆ネガティブな感情とマイナスの物事のとらえ方が重なっても、不安をプラスのエネルギーにして、レバレッジをかけて行動を加速させる（アクセルを踏む）ことができる

では、アクセルとブレーキ、何がこの2つを分けるのでしょうか。

その答えが、「感情、物事のとらえ方、行動のトライアングル」と並ぶ、もう1つのキーワード、「**自己肯定感**」です。

PART 2

その瞬間に「自己肯定感」はつくられる

成功を約束する〝3つのスキル〟

自己肯定感とは、「あなたの人生を支えるハシゴ」ともいうべきしくみです。

「自分についてどう考え、どう感じているか」によって高くもなれば低くもなる、自分の価値に関する感覚で、誰もが備えもっています。

ひとことで言うと**「自分には強みも弱みもあるけれど、全部まとめて価値がある」**と思えるかどうか。

とくに、多くの人が誤解をしている部分は、**「全部まとめて価値がある」**という部分。

自己肯定感の高い低いというのは、「私は〇〇という強みがあるから自己肯定感が高まる」とか「私の性格の□□という部分がダメなので、自己肯定感が低い」ということではありません。強みがあってもなくても、たとえダメな自分がいても、どんな自分であろうと、自分のことを好きでいる感覚。具体的なテクニックは、あとのパートで紹介しますが、毎日1分でこの感覚を高めていくことが可能です。

では、そもそもなぜ、自己肯定感が「人生がうまくいくかどうか」のカギになるかというと、次のような〝3つのスキル〟が身につくからです。

1　マネジメント（調整力）　自己肯定感が高い人は、一時的に不安になり、葛藤し、混乱し、感情が乱れたとしても、すぐに自分を取り戻すことができる。また、喜怒哀楽の感情を状況に合わせ、コントロールできるようになる。

2　レジリエンス（修正力）　自己肯定感が高い人は、間違った選択、失敗につながる行動をとっても、糧《かて》にし、リカバリーすることができる。逆境を楽しめる視野の高さを持つこともできる。

3　グリット（やり抜く力）　自己肯定感が高い人は、客観的に物事をとらえることができる。力の足りない自分に気づいたとしても、それを認め、それでも「うまくいくことはある」と信じ、さらに行動することができる。

このような考え方は、たいていの人にとって相容れないかもしれません。いまの社会は幼いころから自己肯定感を育てる環境になっていないからです。

子どものころからテストの点数しだいで褒められたり叱られたり。運動ができる子は尊敬され、社会に出てからも、年収や学歴、はたまた仕事の業績……と、「持てる人」「持たざる人」を区別する指標があふれています。でも、自己肯定感はそういった指標とは無縁です。結果的に、自己肯定感の高い人は、総じて人生の満足感が高く、仕事でもプライベートでも得るものが多くなります。しかし、それはあくまでも「あとからついてくるもの」。

自己肯定感は、今、どんな弱点を抱えていようとも、社会一般のモノサシから外れていようとも、あなたをしっかり支えてくれる「人生の足場」です。

そんな「自己肯定感」の働きと「感情、物事のとらえ方、行動のトライアングル」の関係をまとめたのが左ページの図です。

「自己肯定感」は「感情、物事のとらえ方、行動のトライアングル」と連動しながらあなたを支えており、目標達成や願望実現など「うまくいく」という結果につながるハシゴの

「トライアングル」と「自己肯定感のハシゴ」

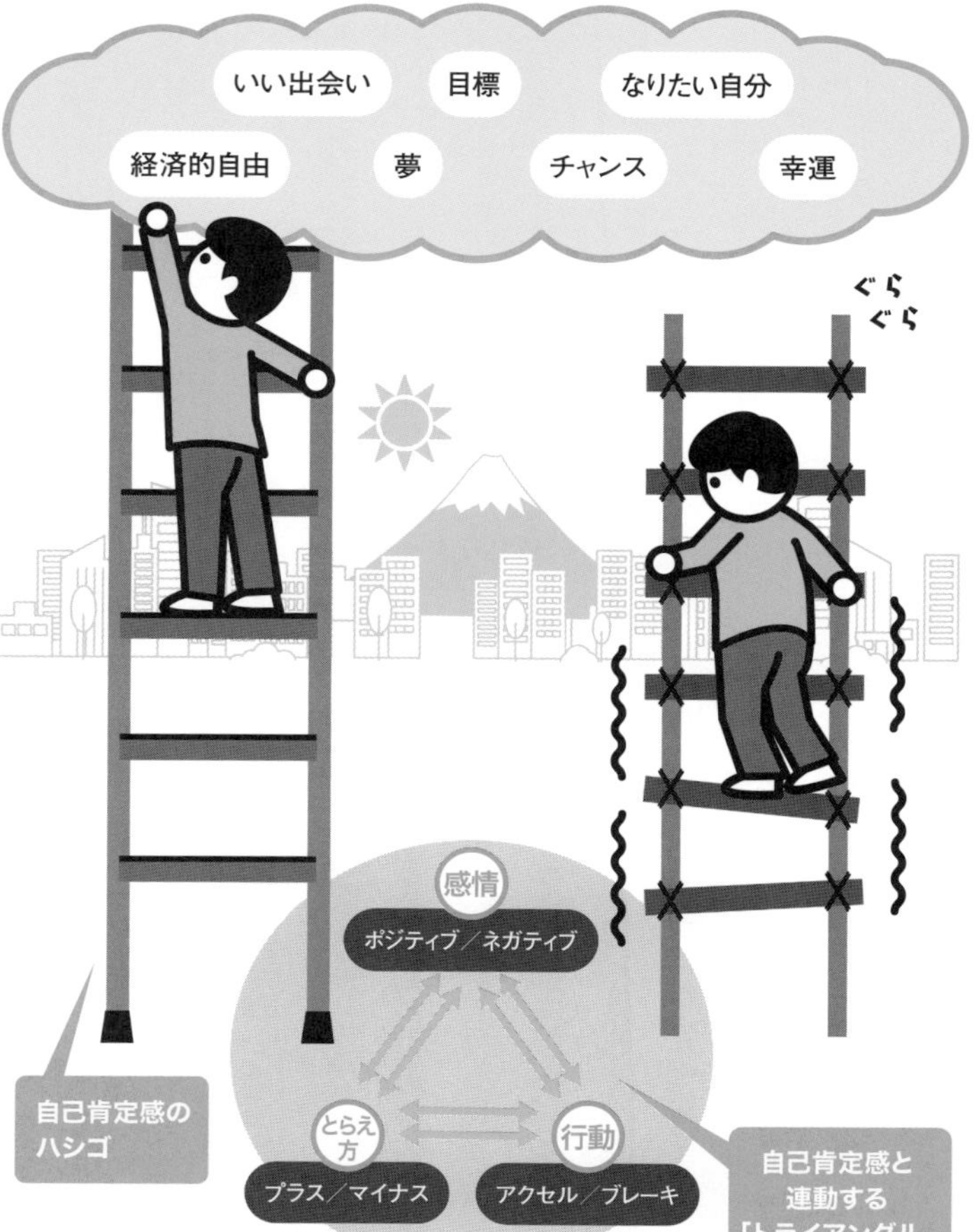

ような存在。ハシゴがしっかりしているとより人生は安定し、ハシゴを高く伸ばせると、簡単に欲しいものに手が届きます。

たとえば、ある出来事に対処することになって「なんで自分がやらなくちゃいけないの？」とネガティブな感情を持ってしまったとしても、自己肯定感が高ければ「でも、乗り越えたらいい経験になるかも」と行動につながるとらえ方ができます。

あるいは、「やる気が出ない」とネガティブな感情でいっぱいで、「やったところでうまくいかない」という物事のとらえ方になっていても、自己肯定感が高い人は「じゃあ、5分だけ」と手を動かすことができます。

人間の特性として、一度、行動しはじめると感情や物事のとらえ方は変化するもの。「意外と進む」「今度はうまくいくかも」と、いい方向にサイクルが回りはじめるのです。

このように自己肯定感のハシゴが安定していると、ある場面、ある局面において適切な感情、物事のとらえ方、行動を選ぶことができるようになります。その結果、「感情、物事のとらえ方、行動のトライアングル」もうまく回りだします。

さらに、**もっとしっかりとした長く背の高いハシゴを立てることができ、あなたが達成したい目標、思い描いているステキな人生にあっさり手が届く**のです。

一方、自己肯定感のハシゴが低くなってしまうと、人生はちょっとした出来事でも揺れ動き、気分が沈みやすくなり、なにもかも面倒に思え、行動は消極的になります。

自己肯定感を下げる「2つの原因」

どちらにも共通する、自己肯定感が低くなってしまう原因が2つあります。

1つ目は、「以前はこうだった」という経験の記憶に引っ張られるケースです。

特に失敗した経験は、強く印象に残ります。

「あのとき、うまくできなかった」「うまくいかなかったのは、自分のせい」という意識が、自己肯定感を低くするトリガー（引き金）となります。

さらに、「同じような失敗をくり返したくない」と考えると、「感情、物事のとらえ方、行動」がすべて後ろ向きになる負のスパイラルにおちいることもあります。

「失敗が怖い」（ネガティブな感情）
「今度もまた失敗するにちがいない」（マイナスの物事のとらえ方）
「行動しないほうがマシ」（行動のブレーキ）

そうなると、行動しなかったこと、失敗を恐れるばかりだった自分に不満がつのり、ますます自己肯定感が下がってしまうのです。

2つ目の理由は、他の人と比較してしまうケースです。

「自分は同僚のように場の空気を読んだ立ち振る舞いができない」
「仕事ができる先輩に指導されるたび、同じようにできない自分に気づき、落ち込む」
「いつも笑顔で悩みを聞いてくれた上司のようになりたいのに、うまくいかない」

誰かと比べて自分は……と考えてしまうのは人間の特性の1つで、うまく使えば自分を鼓舞し、成長させるきっかけになります。

しかし、「比較対象よりも自分は劣っているから、ダメだ」ととらえてしまうと、感情と行動も後ろ向きに。こうした思考のワナにおちいると、消極的な行動につながり、自分や周囲に対するネガティブな感情が高まり、自己肯定感は低空飛行のままです。

たった1分でスランプを抜ける方法

では、どうすればいいか。

67ページの図をしっかりと見てイメージしていただきたいのですが、「感情、物事のとらえ方、行動のトライアングル」がうまく連動すると、自己肯定感が高められるということ。

たとえば、あなたが「最近はスランプで、なにをやってもうまくいかない……自分はダメなんじゃないか」と感じているとしましょう。こうした時期は誰にでもあるもので、自己肯定感も連動して低くなりがちです。

感情はネガティブに傾いて、行動を起こすことができません。

そんなとき、たまたまテレビで見たスポーツニュースのワンコーナーで、尊敬するアスリートがスランプ体験を語っていました。

偶然が作用したちょっとしたきっかけでも、物事のとらえ方が変化。

「こんなすごい人にも、スランプはある。ガマンの時期ってあるんだな」

物事のとらえ方が変わることで、感情や行動に好影響が出ます。

「スランプの中、踏ん張る自分がいてもいい」

「俺も、ちょっと失敗が続いたからってあきらめたくない」

こんなふうに考えることで、行動に粘りが出るかもしれません。

単純にこれだけ。平たくいえば、ほんの1分でできることでしょう?

つまり、自己肯定感が低くなり、目標達成へと続くハシゴがグラグラしてしまっているときでも、感情、物事のとらえ方、行動のいずれかの側面で得た小さな成功体験によって状況を好転させていくことができる……というのはみなさんにも覚えがあると思います。

具体的なテクニックはパート3、4、5で解説していきますが、本パートではとりあえず、「自己肯定感」と「感情、物事のとらえ方、行動のトライアングル」が相互に作用し合っていることだけ覚えておいてください。

どんなときも「イエス」と言う

自己肯定感とはそもそも**「あなたという存在を支えるエネルギー」**ともいえます。

私たちが「自分には生きる能力があり、幸せになる価値がある」「先々には、きっといいことがある」「自分には夢を実現できる力がある」「何度も挑戦し、達成する力がある」と信じることができるのは、自己肯定感がその思いを根底で支えているからです。

心理学の世界では、そんなふうに自己肯定感の高まっている状態を、どんなときも**「自分にイエスと言える状態」**と定義する研究者もいます。

とはいえ、自己肯定感は大きく分けて次の2つの要素によって揺れ動きます。

1 子ども時代の過ごし方やこれまで経験によって、自己肯定感が強い人、弱い人がいる

2 強い人でも弱い人でも、自己肯定感は時と場合によって高くもなり、低くもなる

そう聞くと、「自分は大人になっても自己肯定感が弱いままなのかも……」と不安を感じる人がいるかもしれません。

ご心配なく。自己肯定感は何歳からでも後天的に育てることができます。むしろ、**自己肯定感の弱いまま大人になった人は、その分、やさしい心や周囲の人への思いやりを備えています。**

そんなあなたの「長所」を残したまま、「感情、物事のとらえ方、行動のトライアングル」を理解して、自己肯定感を伸ばしていきましょう。

自己肯定感を支える6つの「感」

自己肯定感は、次の「６つの感」によって支えられています。それぞれの「感」が相互に作用し合うことで、自己肯定感は高くもなり、低くもなります。

1　自尊感情
2　自己受容感
3　自己効力感
4　自己信頼感
5　自己決定感
6　自己有用感

1　自尊感情

自尊感情は、**自分には価値があると思える感覚**のこと。

自尊感情が安定しているとき、人は自分の個性、人柄を認め、大切にしていくことができ、また、どんな困難においても自分の「生きがい」や「やりがい」を見つけることが可能になります。

自尊感情は自己肯定感における根っこのような感覚。次の2〜6の感覚の基礎ともいえる重要な力です。

2　自己受容感

自己受容感とは、**ありのままの自分を認められる**感覚のこと。

自己受容感がうまく働いているとき、私たちは自分のポジティブな面もネガティブな面もあるがままに認めることができます。

自己受容できている人は、他の人への共感力が磨かれ、信頼され、愛される存在になれます。また、ネガティブな自分、ポジティブな自分、どちらにも「ＯＫ」を出せ、ポジティブな感情も、ネガティブな感情も味方につけて次の行動に向かうことができます。

つまり、「折れない心＝レジリエンス」が高まるわけです。

3 自己効力感

自己効力感は**「自分にはできる」と思える感覚**のこと。

自己効力感が高まると、問題に直面したときも、こうすればうまくいくはずだという物事の見方ができるようになります。

つまり、あらゆる局面で行動を起こすための勇気を持てるようになるのです。

自己効力感が安定していれば、私たちは何度でも立ち上がる力が得られ、人生はいつからでも再スタートが可能だと信じることができます。

4 自己信頼感

自己信頼感は、**自分を信頼して行動する感覚**のこと。

大きな失敗によって心が打ちひしがれたときも自己信頼感を回復させれば、簡単にあきらめることなく、やり抜く力を得ることができます。そして、自己信頼感が高まっていると、自分の物事のとらえ方に自信を持つことができ、直感力が鋭くなります。

5 自己決定感

自己決定感は、**自分で決定できるという感覚**のこと。

私たちの毎日は、目を覚ましたときから選択の連続です。

数多《あまた》の心理学の研究が、「私が決めた！」という「人生を自分でコントロールできている感覚」と幸福度とは比例することを指摘しています。特に自分自身が成長していると実感できる方向に人生をコントロールできているとき、人は幸せを感じるのです。

主体的に行動し、うまくいった経験があると、その後の決断にはずみがつき、自己肯定感のハシゴを高く長く伸ばしていくことにつながります。

6 自己有用感

自己有用感は、**自分は何かの役に立っているという感覚**のこと。

周囲の人や社会とのつながりの中で自分が役立てている……そう感じていられると、「自分にイエス」と言うことができます。

「○○さんは頼りになる」
「○○くんに任せておけば安心」
「本当にあなたと結婚してよかった」

そんな言葉をかけてもらえると、承認欲求が満たされ、自己肯定感が高まります。すると、気持ちが安定し、周囲の人を認め、感謝の言葉がわいてきます。

これら6つの「感」は、自己肯定感のハシゴを仲よく構成するメンバーたち。

6つの「感」についてより詳しく知りたいと思われたら、私の前著『自己肯定感の教科書』をご一読ください。理解がより深まっていくはずです。

最後にこのパートの締めくくりとして、自己肯定感を高めることで得られる「人生のメリット」を大きく4つにまとめておきましょう。

自己肯定感のメリット　1

見えてくるものが変わる

私の知人に、どんなに忙しいときも物腰柔らかな対応で接してくれて、経験の少ない若手スタッフにもていねいに指示を出し、現場にいる人のほとんどから「あの人、仕事できるよね」と尊敬されているテレビ局のディレクターさんがいます。

あるとき、偶然、彼のスケジュール帳の1ページ目、開くたびに目に入る場所にこんな言葉が書かれているのに気づきました。

「仕事ですから」

大変なことがあるのも、仕事ですから。
うれしいことがあるのも、仕事ですから。

忙しいのも、仕事ですから。
充実感が得られるのも、仕事ですから。
仕事のできる人、できない人とかかわるのも、仕事ですから。
めったに会えないスゴい人と出会えるのも、仕事ですから。
私が仕事をがんばれるのは、仕事が好きですから。

きっと彼はそんなふうに「仕事ですから」をキーワードにして、いいことが起きても、悪いことが起きても、感情をフラットな状態に戻しているのですね。

彼のように自己認知がうまくできていると、調子が悪いときは「ささいな問題が大事《おおごと》のように感じて仕方ないのは、自己肯定感が落ちているからだな」とわかり、ネガティブな感情、後ろ向きな物事のとらえ方、消極的な行動のスパイラル――**「オートマティック・シンキング（自動思考）のワナ」におちいりにくくなります。**

また、調子がいいときも「今は自己肯定感が高まった状態だから、小さな失敗があってもすぐに切り替えられるのだな」と客観視することができます。

つまり、どんな環境下でも自分をフラットな状態に戻すことのできる人は、「今、自分の自己肯定感はどういう状態にあるのか」を常に理解しています。

もう1つ、「大変なことがあるのも、仕事ですから」と言えることの重要性は、**「自分のせいにしすぎない」**ことがポイントです。

これは特に、なにか運の悪いことが起こったときに、「自分のせいではないか／自分が悪いのではないか」と考えて気分が下がりがちな人に気をつけてほしいポイント。

こういう傾向がある人は総じて責任感の強い、しっかりした人なのですが、「自分のせいではないことまで、自分の責任に引き受けてしまう」のがネックです。

でも、それ、本当に自分のせいでしょうか？

もしかしたら、ただの偶然で、たまたま自分に降りかかってきたことかもしれません。

あるいは、自分には変えられないような状況があったかもしれません。

ほかの人が責任を負うべきことかもしれません。

こういうときに効く魔法の言葉が「それ、仕事ですから」でしょう。

「自分自身」と、「今、起こっていること」を切り離して考える言葉です。

これは67ページの図に当てはめると、ハシゴの上で遠くまで周囲を見回し、今の自分に必要な感情、物事のとらえ方、行動を適切に選ぶことができる「視座が高く、視野が広い状態」。

この状態を自分でつくれるように、私はよくクライアントや講座の受講生、友人、知人に「**一喜一憂しなさんな**」というフレーズを投げかけています。

うれしいことがあって大いに喜ぶのもいい。

つらいことがあって、ずんと落ち込むのもいい。

でも、喜びすぎたり、落ち込みすぎたりを真に受けていると「感情、物事のとらえ方、行動のトライアングル」がスムーズに働かなくなります。

1分ヒント！

たとえば「自己肯定感の高い人」とは、どんな人でしょうか?

独特の名言で人気をさらっているカリスマ・ホストのROLANDさん。

まさに自己肯定感の塊《かたまり》のような存在です。

「人から悪口を言われたときの対応で悩んでいます」という人からの相談を受けて、

こう答えていました。

「世の中の悪口の大半は『逆にね』のひと言で対処できる」

これこそまさに視座が高く、核心を突いた名言。

「その悪口、私のことじゃなくて、逆に、あなたのことでしょ?」

相手から投げつけられたダメージを、一瞬で切り離し、相手に打ち返す言葉です。

人から悪口を言われたら、ショックで引きずってしまう人も多いでしょう。

しかし、たとえ不意打ちの悪意を向けられても、自己肯定感が高い人は、このように見えてくるものが変わるのです。

自己肯定感のメリット 2

人や自分の心が手にとるようにわかる

「喜怒哀楽」と言いますが、じつは人間には27もの感情があると、近年、カリフォルニア大学バークレー校の心理学者であるケルトナーとコーウェンの研究でわかってきました。

また、ドイツ語では「他者が不幸におちいったときに感じるドス黒い喜び」を表す、「シャーデンフロイデ（Schadenfreude）」というユニークな単語があります。日本語で表現すると「他人の不幸は蜜の味」といったところでしょうか。これも1つの感情ですね。

そう考えると、私たちはまだ認識したり、言語化したりすらできていない感情をたくさん抱えているのかもしれません。

じつは**感情は、認識したり、言葉にできたりすればするほど、どっしりと安定します。**

パート1（34ページ）で説明した「メタ認知」につながるからです。

逆に感情の「認識」ができないと、「怒り」や「悲しみ」といったネガティブな感情だけでなく、「楽しい♪」「うれしい♪」「心地いい！」といったポジティブな感情も失われます。内面はいつもモヤモヤとし、退屈で、なんとなく味気のない感覚……。

自己肯定感のハシゴも、当然グラグラです。

また、私たちには**周囲の人たちが、自分と同じ感情を抱いていると勘違いしてしまう特性**があります。

たとえば、自分に余裕がなくイライラしているときは、まわりにいる人もイライラしているように見えます。逆に、いいことがあってウキウキした気分のときは、まわりにいる人も楽しい気持ちでいるような気がします。

しかし、実際には自分の感情とまわりの人の感情がピタリと一致していることはまずありません。

もちろん、イライラをぶつけられれば、相手もイライラしますし、笑顔で話しかければ相手も笑顔になります。でも、それはこちらの行動の結果が相手の感情に影響を与えているから。もともと同じ感情を抱いていたわけではありません。

よく「他人は自分の鏡」といわれるように、文章で読めばすぐに「そうだよな」とわかるしくみですが、現実の人間関係では感情の勘違いから簡単に衝突が生じます。

特に恋人やパートナー、友人、会社の同僚など、距離の近い相手ほど、「言わなくてもわかるはず」「察してくれて当たり前」といったとらえ方になり、この特性が表れやすくなるからです。

親しい人との心理的な行き違いは大きなストレスとなって「感情、物事のとらえ方、行動のトライアングル」を揺さぶる原因となります。

その点、自己肯定感が高い人は、自己認知ができているので自分の感情の変化に気づくことができます。また、相手と自分の感情は別のもので、抱える感情にはさまざまな種類や矛盾があることも忘れません。

また、細やかな感情を理解することで、自分は社会や他人の役に立てる存在であると感じることができます。

これは主に自己有用感として働き、「感情、物事のとらえ方、行動のトライアングル」を安定した状態に保つことができます。

1分ヒント！

自分の感情を意識することに慣れていない人は、「快／不快」や「〇〇すべき／〇〇しないでおくべき」という善悪の感覚はあっても、自分の「うれしい／楽しい／怒っている／イライラしている／さみしい／悲しい」などの繊細な感覚があいまいなことがよくあります。

特に子どものころから、泣いたりはしゃいだり、叫んだり、ウジウジしたりしていると、大人に怒られてきた人はなおさらです。感情を押し殺すことに慣れてしまい、しまいには感情を感じる方法がわからなくなってしまいます。

感情は感じないと、心の底に押し込められ、長いあいだ閉じ込められたことから〝うらみ〟に変化していきます。

感情は、ポジティブなものもネガティブなものも、押し込めず、なるべくそのつど解放しておくクセをつけるのがベストな解決法。

自己肯定感が高い人は、こうして自分や人の心を理解し、自分の中にブレない軸を育てています。

自己肯定感のメリット 3

物事のとらえ方が柔軟になる

あなたが100メートルを走るとしましょう。

平坦で障害物のない平地に白線で100メートル先にゴールが引いてあれば、なにも考えず簡単に走り切ることができます。

しかし、10メートルごとにハードルが置いてあったらどうでしょう？

ゴールの線が引かれていなかったら？

走路が山の中のようにデコボコしていたら？

私たちを取り巻く環境は、常に変化します。いつも平坦であればたやすく駆け抜けることができますが、わかりやすく立ちはだかる障害が出現することもあれば、足をからめとる泥道が横たわっていることもあります。

こうした変化に対応するには柔軟な物事のとらえ方が欠かせません。

自己肯定感が高い人は、どんな環境下でも「自分はできる」「達成する力がある」と信じることができます。

これは主に自己効力感（77ページ）の働きで、充実感をもって物事にチャレンジする力が手に入ります。そして、行動できたという自信によって物事のとらえ方がますます柔軟になり、どんな環境の変化にも対応できる力がついていきます。

1分ヒント！

現代は流れが読みにくい「VUCA〈Volatility〈変動性〉、Uncertainty〈不確実さ〉、Complexity〈複雑さ〉、Ambiguity〈あいまいさ〉〉の時代」だといわれています。

移り変わる環境の中で、自分は停滞しているような感覚があるときは、時流を読んだり自分をどんどん成長させていくために、あえて「これまでのこだわりを捨てる」ことや「身軽さ」を心がけることが、これからの時代の成功のカギになります。

自己肯定感がその重要な役割をになうのは、言うまでもありません。

自己肯定感のメリット　4

ベストの行動を選べる

みなさんも仕事やプライベートで「あー、あのときなんで○○した／しなかったんだろう？」と、後悔した経験はありませんか？

自己肯定感が低くなると、物事を自分で決める自己決定感（77ページ）が弱くなります。すると、自分で決めるべきことを他人に委《ゆだ》ねてしまったり、判断基準が定まらずに矛盾した行動を取ってしまったり、選択を誤ってしまう場面が増えていきます。

たとえるなら、紙と紙を張り合わせるのに木工ボンドを使おうとしたり、瞬間接着剤を探したりと、適切な行動を選べなくなっている状態です。

しかし、自己肯定感が高い人は「よし、こうしよう！」と自信を持って選択することができ、その行動をベストの結果につなげることができます。

言い方を変えると、うまくいっている人は生きがい、やりがいなど、物事に取り組む意味を見つけるのが上手で、ささやかな判断の成功からも満足感を得ることができています。

この自己決定感の働きがアップすると、自信をもって決める力が発揮でき、それが連鎖的に成果につながることで自己肯定感をさらに高めることができます。

1分ヒント！

自己肯定感の低いときというのは、「過去の出来事」にとらわれすぎているとき。

「前は○○だった」から、今度も自分にできる自信がない。

逆に、今度こそ、どんな手段を使っても成功しないと恥ずかしい。

こういう思考が出てきて、目の前で起こっていることや人間関係を、強引に過去の出来事と結びつけ、冷静な判断力を失ってしまう。

結果、「あのとき、なんで○○しちゃった（しなかった）んだろう？」と大後悔。

つまり、行動がなかなか結果に直結しない人は、まず「自己肯定感が低くなっていないだろうか？」と、自分を見直してみるのがポイントです。

PART 3

感情

1分で逆境に強くなる「しなやかなメンタル」

〝他者のモノサシ〟から自由になる

さて、本パートからはいよいよ実践編。実際に自己肯定感が高い人が日々「1分で」実行しているテクニックを、コーチングの理論をもとにしてくわしく解説していきましょう。このパートでは「トライアングル」（27ページ）のうち、特に「感情」にアプローチする方法をご紹介していきます。


失敗したのに、ケロッとして「また次、がんばります！」と言える人。

一方、後悔したり、反省したり、落ち込んだりと、失敗の記憶に引きずられてしまう人。

ここまでのパートでご説明したように、その違いは感情のコントロールにあります。

感情がネガティブに大きく傾いているとき、人の心は自責感が強くなっていきます。

「周囲の人から求められていることに応えられない自分」
「こうあるべきなのにできない自分」
「彼や彼女はできているのに、うまくやれない自分」

そんなふうに誰かと自分を比べては責めてしまい、他者評価でみずからを苦しめてしまうとき。こうしたネガティブな考え方のクセ、認知のゆがみは自己肯定感を形づくる「6つの感」と密接に関係しており、メンタルを大きく揺さぶります。

◆自尊感情……本来、自分には価値があると思える感覚の自尊感情が揺さぶられると、**わずかな出来事を根拠にして物事がうまくいかない**、自分に価値がないと感じる。

◆自己受容感……ありのままの自分を認める感覚である自己受容感がネガティブな方向に向かうと、**物事の変化に対して自分が対応できず、悪い結果になると思い込む**。

◆自己効力感……自分にはできると思える感覚である自己効力感を失うと、自分の短所や失敗を実際よりも大げさに考えるようになるだけでなく、**本来持っている長所や自信も小さく見積もってしまう**。

◆自己信頼感……自分を信じられる感覚である自己信頼感が揺れてしまうと、**悲観的なフィルターを使って自分や世の中を見るようになっていく**。何事も悲観的に思えるので、当然ながらネガティブ感情がさらに強くなる。

◆自己決定感……自分で決定できるという感覚の自己決定感が揺らぐと、物事を白か黒かでしか見られず、完璧にできそうなときしか決断できないようになっていく。**自分で決めたことで少しでもミスが生じると、決定そのものが失敗だったと否定的になる**。

◆自己有用感……自分はなにかの役に立っているという感覚である自己有用感がネガティブな方向に向かうと、自分や他人に対して「〇〇すべき」「〇〇でなければならない」と考えるようになる。**脅迫的になり、自分も他人も追い込んでしまう**。

「6つの感」のいずれかがネガティブな方向に大きく揺れてしまうと、自己肯定感全体が大きく低下してしまいます。

オートマティック・シンキング（自動思考）に気づけるか

ネガティブな感情をうまくコントロールできなかったことがきっかけとなって認知のゆがみが生じてしまったとき、注意したいのは自動思考を鵜呑《うの》みにしないことです。

自動思考とは、ある一定の出来事が起こったときに、本人の意志とは関係なく、パッと自分の中から生まれてくる考え方です。たとえば、

上司に仕事の段取りについて、ちょっと注意を受けた

⬅

「ああ、また自分がダメだから怒られた」と自責の念がわいてくる

というような感情の動きのこと。自尊感情が揺れ、「わずかな出来事を根拠にして物事がうまくいかない、自分に価値がないと感じる」ようになったとしたら、それは現実をとらえるフィルターがくもっているにすぎません。

あるいは、自己有用感が揺らぎ、自分や他人に対して「○○すべき」「○○でなければならない」と考えるオートマティック・シンキングが働いたとしましょう。

今期、わが部署の業績が低下した
⬅
デキの悪いメンバーにノルマを課して、モチベーションを上げなければ!

こういう思考の危険なところは、熟慮を経ず、短絡的な方向に走ってしまうこと。
重要なのは、可能性に心を開き、自分の感情や考えを正しく修正できるかどうかです。

1分コーチング　テクニック①

感情のゆがみに気づく「見つめ直しメモ」

ここで「見つめ直しメモ」のテクニックが役に立ちます。これはオートマティック・シンキングを修正する、世界中でスタンダードに行われている認知療法の一種。ネガティブに振れるきっかけとなった出来事を振り返り、そのときに浮かんだ考えをパッと書き出すというものです。

1　ネガティブな感情を持つきっかけとなったのは？

いつ？

どこで？

誰と？

何をしていたとき？

2　そのときパッと浮かんだオートマティック・シンキングは？

ここで書き出した思考が、先ほどの「6つの感」のどれをグラつかせているかをチェックすることで、自分がおちいりやすいネガティブな感情の傾向が見えてきます。
何度か「見つめ直しメモ」をくり返し、自分の傾向がつかめてくると、「あ、今は自己否定的な思考が始まっているな」と気づくことができるようになります。

くり返しますが、うまくいっている人が失敗の後もすぐに切り替えられるのは、決して生まれつきではありません。認知のゆがみに気づき、自己否定的な思考におちいらないよう、自己肯定感を高め直しているからです。

1分自己肯定感！

感情の切り換え！「見つめ直しメモ」

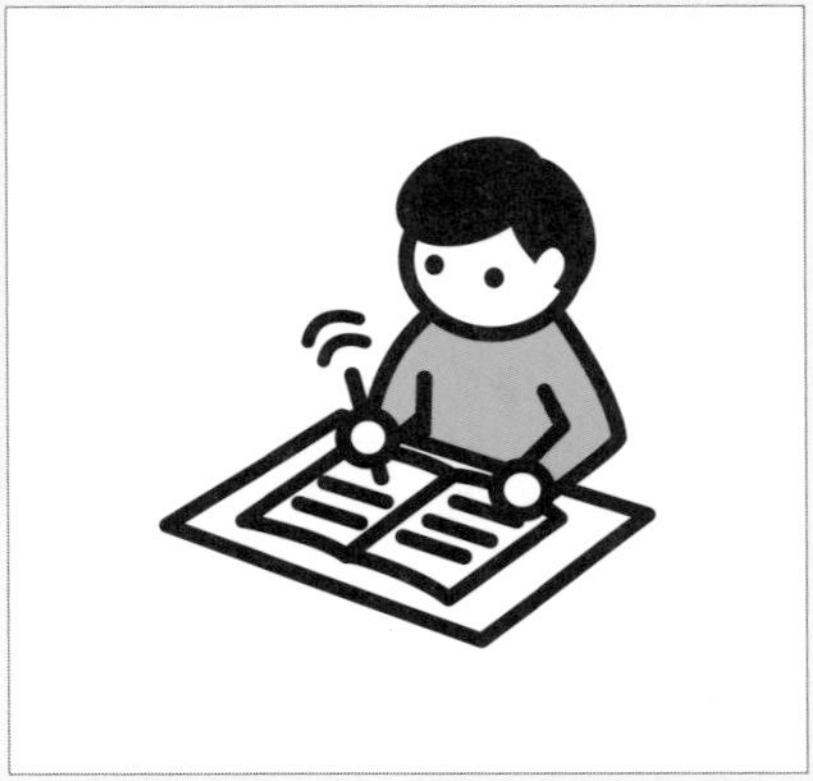

「いつ？　どこで？　誰と？　何をしていたとき？」――書き出すだけで「オートマティック・シンキング」に気づける

「自分の弱点」を把握する

パート1で解説したように私たちは、ネガティブとポジティブのあいだを行ったり来たりしながら生きています。そして、うまくいっている人は自分をフラットな状態に持っていき、感情を上手にコントロールする術を知っているとも書きました。

その術の1つは、「自分の弱さ」を理解することです。

ネガティブな感情がふくらんでしまっているとき、その不快度数を客観的に把握することはとても重要なスキルです。「怒り・不満・憂うつ・くやしさ・悲しさ」などのネガティブな感情によってイライラしていても、それを周囲にぶつけるようなことは極端に少なくなります。

これは自分の中に「弱い自分」がいるけれども、それがいつも優位に立つことばかりではないことも知っているからです。

私のクライアントに、学生時代、バスケットボールで国体に出場した経験のある40代の女性Kさんがいました。

彼女は忍耐強い営業スタイルによって生命保険業界で活躍し、2人のお子さんを育てるシングルマザーでもありました。公私ともに忙しいながらもうまくいっていた彼女でしたが、私のメンタルコーチングを受けたころは壁にぶつかっていました。

子どもたちが高校生になり、子育てが一段落。急に仕事がうまくいかなくなり、営業成績が落ちてしまったのです。話を聞くと、彼女の中には「成果を出せない自分は許せない」「負けるのはダメだ」という完璧主義的な考え方がありました。

これまでは、それがプラスに作用してがんばれたようですが、営業成績が落ちるというつまずきによって「焦り」や「とまどい」といったネガティブな感情がふくらみ、強みが弱みに変化。完璧主義を追い求めれば求めるほどうまくいかず、空回り。

これが、彼女の人生のスキーマ（心のクセ）。お話を聞いていくと、仕事以外でも、人間関係でも、完璧主義というスキーマからくる不本意な人間関係のこじれもありました。

1分コーチング テクニック②

不安をコントロールする「感情の数値化メモ」

そこで実践してもらったのが、「感情の数値化」。

自分は今、イライラしてしまっているけれど、過去一番の怒りの爆発に比べたら、いったいどのくらいのイライラなのだろう？ 今、自分は将来への不安を抱えているけれど、今までで最高潮の不安と比べれば、いったいどれくらいの不安なのだろう？

正確なメタ認知はとても難しいことですが、あえて感情という定性的なものを、定量的にとらえようという試みでもあり、感情を見える化してコントロールするテクニックです。

最初に紙とペンを用意します。

そして、**「自分がこれまでの人生で経験した、最悪にネガティブな感情」**を原因となった出来事とともに思い出します。そのときのネガティブな感情が10点満点の10点となり、あなたの最大数値＝モノサシの長さとなります。

次に、「今、自分が感じているネガティブな感情」の種類（不安、とまどい、焦りなど）を書き出し、10点満点中何点と採点します。

ネガティブな感情がふくらんでいるとき、脳内では扁桃体《へんとうたい》と呼ばれる部位が過剰に活性化。それが怒りや不安といった感覚を呼び起こし、決断力や判断力を低下させます。

ところが、**ネガティブな感情を視える化、客観視すると、扁桃体の過剰な働きが治まっていく**ことが脳科学の研究で明らかになっています。

先述のクライアントのKさんは学生時代、自分のミスで大切な試合に負けた出来事を思い出し、そのときに感じた後悔をネガティブな感情の10点としました。そして、その点数を基準に、今、抱えている感情を採点していきました。

ネガティブな感情と少し距離を置きながら理解することで、その感情を上手にコントロールできるようになります。

たとえば、あなたが8点、9点をつけるような強い不快の感情を抱いてしまったら、原

ネガティブも丸ごと成長のきっかけにする「感情の数値化」

ネガティブな感情はいったん紙に書いて、その実体が何なのか、過去にも同じような経験がなかったか、など、客観視することで落ち着いていく。
8～10にランクされる感情は、時間的、物理的に距離を置くと解消されていく。

因となっている事柄から1時間だけでもいいので離れてみましょう。

仕事は完璧にこなさなければいけないという強い思い込みが原因ならば、むしろ逆に、思いきって休みをとり、サボってしまいましょう。ネガティブな感情の原因が職場の人間関係にあるなら、休むことで対象となっている人と物理的に離れることができます。

そして、緑の多い場所に出かけましょう。木々を見ながら歩くだけで心が落ち着きます。これは脳内でセロトニンと呼ばれるホルモンが分泌されるからです。

心が落ち着いたら、ふたたび「感情の数値化」を行ってみてください。抱えていたネガティブな感情は3、4点くらいまで下がっているはずです。

「感情の数値化」には、過去のよりネガティブな感情を思い出し、「あの最悪のときを乗り越えてきたんだから……」と考えることで冷静さを取り戻す効果があります。また、定期的に自分の感情を数値化することで、ネガティブな感情を手放すきっかけをつかむこともできるのです。

前述のKさんは「感情の数値化」を通じて、自分の弱みが「負けを認められない完璧主義」にあると気づきました。

それからのKさんは、仕事のことでストレスがたまると、「あ、また過剰な完璧主義が顔を出したな」と察知して、「感情の数値化」を行い、感情を数字で可視化する習慣がつきました。

そのことによって、「でも、この仕事ってそこまで完璧さを求められている？」などと自問自答することで、冷静さを取り戻し、この「完璧主義のスキーマ」を他の方法でもっと活かせないかと論理的に考えるようになりました。そうすると、仕事も人生全般も飛躍的にうまくいくようになったのです。

1分コーチング テクニック③

「弱み」を「強み」に変換するアクション

じつは脳科学でいうと、**強みと弱みというのは「隣り合わせ」**だといわれています。完璧主義なKさんの性格が仕事のモチベーションを上げるのに役立っていたように、状況や環境によって、その人の弱点だと認識されているものは、いとも簡単に「強み」に変貌《へんぼう》を遂げるからです。

たとえば、営業トークが苦手で思い悩んでいたBさん。クライアントの前で自社のプロダクトの説明をする際に話を盛り上げることができず、いつも苦労していました。

Bさんは実直で、人あたりがソフトな性格です。友人の輪の中に入るといつのまにか人の聞き役に回るタイプ。

1分自己肯定感！

モヤモヤ解消！「感情の数値化」

「その気持ち、これまでの人生の中でいうと何点？」
客観視するだけで、問題が解決する

彼はそういう消極的な性格を治したいのです、と私のところにメンタル・コーチングを受けに来られました。

そんなBさんに私はひとこと「治さなくて、いいですよ」とお伝えしました。

その代わり、徹底的に「聞き役」に回ってください、と。「プロダクトの説明を上手にしようとやっきになるよりも、相手が困っていること、問題に思っていることを質問をしてとにかく徹底的に聞くことに集中しましょう。そして、こんなバカな質問をしてもいいのだろうか？　と思う必要はありません」

根がマジメなBさんですから、それからというものの、営業トークのかわりに、クライアントに質問をして、徹底的に聞き役に回るようにしました。それがBさんにとっても心地よかったのです。

すると不思議なことに、クライアントの引き合いもどんどんよくなっていきました。

人は話を聞くより、しゃべりたい生き物です。Bさんの「聞く力」によって、クライアントは気持ちよく話すことができ、満足度が上がったというわけ。**多くの人がわれ先にとしゃべりたい世の中にあって、「おだやかに人の話を聞けるBさんの力」というのは貴重**なのです。

これは、**弱点だと思っていた部分がじつは大きな強みだったという端的な例**でしょう。

「直感のアンテナ」を磨く

結婚した友達に「どうして、この人に決めたの？」と質問して、「出会った瞬間、『あ、この人と結婚するな』と思ったから」と言われたら、あなたは「気のせいじゃないの？」と疑うかもしれません。

でも、学生時代や社会人になってからの人間関係を振り返ったとき、初対面で「あ、この人とは気が合いそう」と感じた出会いの経験はあるのではないでしょうか。

カウンセリングの現場でも、一流のビジネスを手掛ける大物であればあるほど、「直感が今の自分を導いてくれた」と話す割合が高いように思います。

「監督経験は浅くても『今日はこの打順だ』とか『今日は誰々が何番だ』とか、

そういうものがピンとくることがある。データばかりでなく、感じる力や直感力、そういうものは大事にしていきたい」

（日本経済新聞　侍ジャパン稲葉監督インタビュー、「結」テーマ、五輪「金」に挑む、2020年1月2日）

「野球」日本代表チーム監督である稲葉《いなば》篤紀《あつのり》氏の言葉です。「直感」の重要性を端的に語っています。こうした感覚は「心の声」とも呼ばれています。

人との出会いや「今日は、○○を食べたい気分」「通りかかったショーウィンドウにあった靴に一目惚れ」といった日常生活でのトキメキだけではなく、仕事上の重要な決断でも「よくよく考えたけど、最初からA案に引かれていた」と直感が働くことがあります。

ただ、私たちは仕事や日々の暮らしを通して多くのことを学び、さまざまな成功事例、失敗事例を知るうちに自分たちの心の声を聞き流すようになってしまいがちです。

「こっちがいいと思うけど……、上司のウケがよさそうなのはB案だな」
「最高にスキな靴だけど……、衝動買いはよくないって言うからな」
「この人とは気が合いそうだけど……、忙しくて、仲よくなる時間もないしね」

いわゆる大人な対応といわれていることですが――。

一方で、直感や心の声には本人のこれまでの経験が凝縮されていると知っているがゆえに、一流の人たちほど「直感力」の重要性を強調します。

脳科学の研究によれば、直感はその人が過去に学んできたこと、経験してきたことの膨大なデータベースから脳が無意識のうちに引き出した答えだとする説があります。

たとえば、膨大なチェスの棋譜《きふ》を分析した研究によって、「ファーストチェス理論」と呼ばれる直感の重要性を指摘する理論が生まれています。これはチェスにおいて、「5秒で考えた手」と「30分かけて考えた手」の86%が同じ手になるというもの。

じっくり考えて導き出した答えと直感によって決めたことの間に大きなへだたりはないのです。そう考えると、「この人とは気が合いそう」という心の声も、あなたのこれまでの人間関係を通じて養われた経験知だといえます。

1分コーチング テクニック④

ゴールを可視化！「リマインダー・テクニック」

ただし、直感を大切にし、心の声に耳を傾けるとき、注意しておきたいことが1つあります。**それははじめての取り組み、あまりよく知らない分野に関しては直感も心の声もあまり役に立たない**ということ。

チェスにおいて、「5秒で考えた手」と「30分かけて考えた手」の86%が同じ手になるのは、真剣にチェス盤に向き合い、何十何百何千と対戦をくり返してきた指し手同士だから。

また、あなたが「この人とは気が合いそう」と感じるのも、時には人間関係の悩みを抱えることがあってもくじけることなく、多くの人に接してきたから。

仕事においても、自分にあまり経験のない分野の直感は当てになりません。つまり、**ある特定の分野において何度も失敗したり成功したりをくり返し、さまざまな状況に突き当たった経験があってこそ「プロの直感」は冴《さ》えてきます**。

ノンフィクション作家のマルコム・グラッドウェルによると、人間には「シン・スライシング」と呼ばれる「無意識のパターン発見スキル」が備わっており、まったく別々の状況や行動から共通項を見出《みいだ》して、直感的に正しい判断ができるのだといいます。

これは、興味と準備と経験が下地にあるから、直感が働き、耳を傾けるべき心の声が聞こえ、いい結果が出るのです。

もし、今、うまく事を運びたいと願っている目標があるなら、「実現したい目標」と「実現する日付」「実現のために今週やること」を毎週日曜日の夜か、月曜日の朝にリスト化し、いつも目に入る場所に張り出しましょう。

目標を見える化して、日付で締め切りを定める――これ

1分自己肯定感！

「リマインダー・テクニック」

脳の直感力を引き出すために、日曜日の夜（または月曜日の朝）に「今週の目標」をリストにして張っておく

を「リマインダー・テクニック」と呼びます。

こうしてその週の行動を毎週バージョンアップすると、それだけで脳の「Xを見ると、Yをやる」＝「リストを見ると、ゴール達成のためにアクションを取る」というしくみが動き出します。

脳がゴールを実現させるために働き出し、興味と準備と経験の下地づくりが進んでいくというわけです。こうして自己肯定感もどんどんレベルアップ。

すると、無意識下で直感が働きやすくなり、心の声が自分の味方となってくれますよ。

「コンプレックス」と仲よくなる

パート1で触れたとおり、私は30代半ばまでコンプレックスの塊のような人生を歩んでいました。人前に出る機会が増えた今も、写真を撮られるのが苦手です。自分の目の動きにコンプレックスを感じているからです。

同じように、「自分の書く文字は下手だ」と強く感じている知人はクレジットカードのサインにも苦手意識があるので、会計時に緊張するといいます。

「癇《かん》に障《さわ》る」という言い回しがありますが、「癇ってなんだろう？」とたどっていくと、そこには本人にしかわからないコンプレックスが潜んでいます。

癇に障るポイントは人それぞれで、他人にはなかなか理解できません。ですから、周囲の人のちょっとした言葉がコンプレックスを想起させると、私たちは敏感に反応し、落ち込んでしまったり、腹を立てたり、必要以上に動揺してしまうのです。

このようにコンプレックスはネガティブな感情と密接に結びついています。緊張、落ち込み、イラ立ち。ネガティブな感情の側に大きく針が振れることで、コントロールが難しくなっていきます。すると、物事の見方が悲観的になり、行動の質、量ともに低下。うまくいかないサイクルにおちいりやすくなります。

1分コーチング　テクニック⑤

コンプレックスがスーッと消えていく「チャンク・テクニック」

では、世の中で成功している人たちにコンプレックスがないかといえば、そんなことはありません。スポーツが苦手なのがコンプレックスだったという人もいれば、みんながうらやむ美人であっても、自分の顔のアラが気になって落ち込む人はいるのです。

彼らもそれぞれにコンプレックスを抱えています。しかし、自分のコンプレックスをよく理解し、上下動してしまう感情をうまくコントロールする方法があります。

コンプレックスと連動して上下動する感情をうまくコントロールする具体的なテクニックが、「チャンクダウン（具体化）とチャンクアップ（抽象化）のセルフトーク」です。セルフトークとは、自分の内面で語り合う〝独り言〟のようなもの。

自分が抱えている課題を「ざっくりしたあいまいな視点（チャンクアップ）」ですくいとり、その視点を、より具体的な視点（チャンクダウン）に細分化します。チャンクダウンは1つだけでなく、いくつか違う視点で出せるとよりベターでしょう。

たとえば、「営業に行こうとすると怖くなる」という悩みがあったとしましょう。

そこで、このように問題を細分化します。

チャンクアップ　自分は話が下手だと思っている

チャンクダウン　①話の途中で自分が何を話しているのかわからなくなるときがある
②突然、相手に話を振られたときに、うまい答えが見つからず、頭が真っ白になることがある
③手元に言いたいことをまとめたメモがあると緊張しにくい

対策　話下手でも伝わる、ビジュアル豊富なプレゼン資料を準備しよう

また、今の仕事に漠然とした不安があり、転職を考えている人なら……。

チャンクアップ　もっとこれから伸びる会社に転職して、給与を上げたい

チャンクダウン　①自分の「強み」が客観的に把握できていない気がする
②興味のある業界／業種を絞り込みたい
③年収の目標は700万円

対策　週末のスキルアップセミナーに参加してみる。同時にあこがれの業界で働いている先輩にアポを取り、話を聞きにいく

「話が下手だ」というコンプレックスを〝なくそう〟〝克服しよう〟とするのではなく、認めた上でうまくいくための対策を練るのです。このステップを踏むことで、コンプレックスを単なるネガティブな感情で終えるのではなく、改善のための材料に変えるのです。

感情が揺れるような出来事が起きたとき、成功している人たちは、コンプレックスに自分の心を支配させません。この項で紹介した「チャンク・テクニック」を駆使し、問題の解決を図っているのです。

自分が苦手なこと、心の痛みに触れるような場面でも、「チャンク・テクニック」のような小さな対策があることで感情は安定します。それで「うまくいった感覚」をつかめればしめたもの。それは「苦手」をうまくコントロールできたという成功体験を、1つ積んだことに他なりません。

1分自己肯定感！

「チャンク・テクニック」

不安やコンプレックスは、中身を小さく切り分けると、解決策が見えてくる。できるだけ具体的にするのがコツ

「1人になる」ことを優先する

日々の暮らしの中で、1人きりになって冷静に物事を考える時間をどれくらい取っていますか？

日ごろ、私たちは「3つの自分」を使い分けています。

① 周囲の人たちとかかわる自分

② 1人でいながらも、意識を外に向けている自分

③ 1人で自分の内側に意識を向けている自分

仕事をし、社会とかかわっていく上では「周囲の人たちとかかわる自分」と「1人でいながらも、意識を外に向けている自分」を大切にしていれば事足ります。しかし、自分の感情をうまくコントロールしていきたいと願うなら、「1人で自分の内側に意識を向けている自分」の時間を増やすことをおすすめします。

実際、「ナイキ」や「アップル」、「スターバックス」など、世界の名だたる企業のCEOが早起きを習慣にしている……という記事を目にしたことがあるのではないでしょうか。

それもそのはず、孤独な時間は私たちに4つの大きな効用を与えてくれます。

◆他の人の目を気にせず、冷静に自分と対話することができる
◆誰かに認められたいという承認欲求のワナから逃れられる
◆自分の価値観や興味を再認識できる
◆一時的な感情に流されず、慎重に物事を判断し、選択できるようになる

つまり、誰からも邪魔されない時間は、「自分と向き合うかけがえのない場所」となるのです。

1分コーチング テクニック⑥

セルフイメージが勝手に高まる「ラッキーメモ習慣」

一方で、1人きりになることに不安を感じる人もいます。その背景には、人の輪に入っていくことができなかった焦りや、孤立した自分を人が哀れんでいるのではないか……という恐れがあります。

こうした感情を抱いたまま、自分と向き合ってもいい時間は過ごせません。**大切なのは、「自分で選んで1人になった」という意識を持つこと。**「自己決定感」の有無がカギとなります。

実際、心理学の研究では自己決定感が高まるほど、勉強や仕事のパフォーマンスが上がり、心身の健康によい影響が出ることがわかっています。

もしあなたが1人でいることに不安を感じるタイプなら、「セルフイメージを高めるトレーニング」を行いましょう。

たとえば、手軽に取り組めるのが「達成したこと、うれしかったこと、ラッキーだったたこと」をリスト化する作業。ノートとペンを用意して、ここ1年の出来事を振り返ります。そして、「達成したこと、うれしかったこと、ラッキーだったこと」を書き出していきます。これだけでセルフイメージが自然と高まり、1人でいることに自信が持てます。

また、リスト化する作業をするとき、自然と1人きりで自分と向き合うことになります。

これを毎日、朝1〜5分でも、夜寝る前にでも「小さな習慣」にしてしまいましょう。愛用しているスケジュール帳の空きスペースを使って、予定を見直すついでに書き込むのもいいですね。


1分自己肯定感！

自信UP！「ラッキーメモ習慣」

今年楽しかったことをノートや手帳に書くだけで、セルフイメージがみるみるアップする

「できない理由」を探さない

「私はもう老人だ。これまでの人生ではいろいろな心配事を抱えていたが、そのほとんどは現実にはまったく起こらなかった」

これは『トム・ソーヤーの冒険』で知られる作家のマーク・トウェインが晩年に残した言葉です。

でも、世の中には実際に起きるかどうかわからない心配、推測で語られる不平や不満がごろごろしています。

居酒屋の一角に陣取るスーツ姿のビジネスマン。話題の中心となっているのが、自分を認めてくれない上司への不満、今後の会社の先行きへの心配、抱えているプロジェクトがうまくいかないことへの批判であることはめずらしくありません。

心理学者のダニエル・カーネマンは、人間は悪い出来事に目を向け、恐れる傾向があり、「損失が感情に与える負の影響は、利益による効果の2倍の強さ」があると指摘しています。

私たちはさまざまなことにグチをこぼし、ネガティブな感情を抱きながらも、じつは物事の負の側面、嫌なことに1日中目を向けてしまいがちなのです。

ただ、こうした場面で漏れ出る**「否定語」は脳に強い影響を与えます**。

「会社の方針に納得できず、やってられない」
「上司がわかってくれなくて、やる気が出ない」
「プロジェクトの方向そのものが、時代に合っていない」

本気の言葉ではなくても、**否定語を重ねて耳にするうち、感情はネガティブな方向へ振れていきます**。そして、物事と向き合うとき、最初に**「できない理由」を探すようになってしまう**のです。

1分コーチング　テクニック⑦

いつのまにか夢がかなう「タイムマシン・クエスチョン」

逆に、行動を結果につなげられる人たちは、起きるかどうかわからない心配、推測で語られる不平や不満からうまく距離を取っています。彼らは、しても仕方のない心配、漏らしても意味のないグチ、ぶつけても解消しない不満には目を向けません。

もちろん、彼らに不平不満がないわけではありませんし、単に物事の負の側面に気づかないだけだということもありません。ただ、視座を高くすることで、感情がネガティブに大きく振れてしまうのを防いでいます。

視座を高くする方法として役立つのが、**「タイムマシン・クエスチョン」**です。

目の前に映画やアニメに登場するタイムマシンがあるとしましょう。あなたはタイムマシンに乗って、未来のある日の自分のところへ向かいます。

できれば、10年後、15年後くらいの未来へ。

あなたが大学生なら社会人になってそれなりの経験を積んだ自分を、30代、40代ならキャリアの黄金期に入った自分を、さらに上の世代のハッピーにリタイアした自分と出会います。

あなたが課長だとしたら、代表取締役社長になり、本当に自分がやりたいことを会社内で実現し、世界を縦横無尽に駆けめぐっている自分と出会います。

そのとき、あなたはどんな姿で、周囲には何があって、誰と一緒で、どんなことに取り組み、目の前に現れた過去の自分にどういう言葉をかけてくれるでしょうか。

人生の先輩となった未来のあなたから、現在のあなたへのアドバイスを具体的な言葉としてイメージしてみてください。

これが心理療法の現場でも使われている「タイムマシン・クエスチョン」のテクニックです。

今ここにいるあなたを未来から眺めるというイメージを持つことで、視座が変わります。

また、今ここがあなたにとってつらい状況だったとしても、あくまで通過点にすぎない

「未来の自分」から「今の自分」への問い
「タイムマシン・クエスチョン」

未来の自分から見れば、今の自分に何を言うだろうか？

タイムライン	そのときの自分	今の自分への問い
10 年後のあなた 	希望の海外駐在へ 	今、がんばっておくと、海外へのチャンスができる。そのために今のキャリアで何が必要だろうか?
15 年後のあなた 	起業して 社長になっている 	下準備を始めておこう。社長になったときに、今の自分に足りないものは何だろう? ビジネス戦略? 人脈? 会計知識?
40 年後のあなた 	リタイアして旅に出る 	時間に縛られず、自由に世界を飛び回ろう。そのための資金を毎月何万円貯めればいいだろう?

と感じることもできるようになります。

「タイムマシン・クエスチョン」を使って10年後、20年後の自分と対話したら、じつは「やりたくないいな」と考えていたことも、「やっぱりやってみたほうがいいかな」と思えた——ということはしばしば起こります。

1分自己肯定感！

「タイムマシン・クエスチョン」

「10 年後の自分」を想像してみよう。
自己肯定感を上げるために、「今の自分」にどんなアドバイスをくれるだろう？

目先の不満にとらわれていても、ちょっと時間の視座を変えるだけで、まったく違う世界がひらけてきます。

また、落ち込んだときにこのメモを見返すとよいでしょう。一瞬で思考をプラスに転換し、自己肯定感を高めることができます。

焦らず「熟考」する

この項の見出しを読んだみなさんは、前述の「ファーストチェス理論」（112ページ）と矛盾すると感じたかもしれません。

「直感」や「心の声」に耳を傾けるべきとすすめておきながら、「熟考しよう」とも言う……どちらが正しいの？　と。

先回りして答えを明かすと、「どちらも正しい」のです！

一例を挙げましょう。

本を読むときのしおり代わりに、また、職場の仲間に簡単なメッセージを残すツールとして、みなさんも「ポスト・イット」を使ったことがあると思います。

類似製品は数多ありますが、元祖ポスト・イットを開発したのはアメリカの「スリーエム」社です。同社はもともと強力な接着剤を研究、開発し、業績を伸ばしてきたメーカーでした。ところが、たまたま新製品の試作過程で、さまざまなものにくっつくけれど、すぐにはがれてしまう粘着力の弱い試作品ができあがったのだといいます。

接着剤としては失敗作。しかし、試作にたずさわった研究者は「弱い接着力が、なにかの役に立つかもしれない……」という心の声に耳を傾けました。

ただし、具体的な用途は思い浮かびません。そこで、社内の同僚たちに見本を配り、使いみちを探りました。すぐにボツにしてしまわず、熟考する時間を取ったわけです。

5年後、研究者の同僚が、教会で賛美歌集からしおりが落ちるのを見たとき、「あの接着剤を使えば、落ちないしおりがつくれるかもしれない」とふたたび直感が働きました。

そこからポスト・イットが製品化されるまで3年。直感、熟考、直感、熟考のくり返しで、世界的なヒット商品が生まれたのです。

接着剤としての失敗作を直感的に「なにかに使えるかも」ととらえた研究者も、賛美歌集からしおりが落ちるのを見て使いみちを思いついた同僚も、直感が働く前段階で、思考を寝かせて、じっくり発酵させていたのです。取るに足らないアイデアが、やがて素晴らしい形になるまで。

これまでにもご紹介した心理学者のカーネマンは、この「直感」と「熟考」のしくみを**「ファスト&スロー」**と名づけて説明しています。

カーネマンによると、人間の脳は直感的な「速い（ファスト）思考（システム1）」と論理的な「遅い（スロー）思考（システム2）」の両輪で成り立っているといいます。

直感に頼りすぎると、ロジックがおろそかになり、「自信過剰」におちいります。

逆にロジックばかりに意識を向けていると、結局行動を起こすことができず、タイミングを逸することになってしまいます。

1分コーチング　テクニック⑧

仕事ができる人の「自分ミーティング（MTG）」

いいと思ったらすぐに取りかかれ。

考えるな、動け。

急《せ》いては事を仕損じる。
いったん寝かしたほうがいいアイデアが出る。

直感と熟考に関しては、両極端なアドバイスが当たり前のように流布されていますが、この項の冒頭で述べたように、どちらか一方のやり方が正解なのではありません。

みなさんも経験があると思いますが、シャワーを浴びているとき、外を散歩しているときに突然、いいアイデアがひらめくことがあります。それは直感のようであって、じつは仕事や雑務から離れ、無心になっているあいだ、無意識のうちに熟考した結果です。

これは脳科学で**「デフォルト・モード・ネットワーク（DMN）」**と呼ばれる脳のしくみです。DMNは特になにもせず、ぼーっと無心になっているときに脳内で働いている回路。この回路が動いていると、脳内で眠っていたまったく別々の情報やアイデアの断片が、意外なつながりを持ちだすのです。まさに、脳がクリエイティブになれる瞬間。

1人の時間こそが、脳に栄養を与え、アイデアをつくり出すのです。

1つアドバイスできるのは、**「無心になれる時間をあえてつくるように心がけましょう」**

ということ。

私たちは好むと好まざるとにかかわらず、圧倒的な情報量を浴びる毎日を生きています。アメリカで行われた生産性に関する調査によると、一般的なオフィスワーカーの業務の8割以上をSNS、チャット、メール、会議などに参加する仕事が占めているそうです。

1分自己肯定感！

「自分ミーティング（MTG）」

眠っていたアイデアを目覚めさせるために、朝起きたとき、通勤途中、シャワーで1分——心の声を聞く習慣をつけよう

そして、オフィスから離れてもスマホやテレビから流れ込む情報にさらされ、じっくり思考する時間を取れていない人が増えています。

「ファーストチェス理論」が有効なのは、それが熟考の先にある直感だからです。

意思決定が速い仕事のできる人、いいアイデアを生むのが上手な人たちは1日のどこかに、意識的に思考をじっくり整える「熟考の時間」をつくっています。

そこでおすすめなのが、「自分ミーティング（ＭＴＧ）」の時間を設定すること。１日のスケジュールの終わりに、１人で熟考する時間をつくりましょう。

その日のテーマを、心のおもむくままに決めます。

あわただしい日々の中、つい先のばしにしていたこと。

決断をしなければいけないこと。

今週、仕事のプロジェクトで新しく始められそうなこと。

普段よりも長めの入浴。帰宅途中の散歩。好きな音楽を聞きながらのストレッチ。

そんなささいな瞬間でＯＫ、１人静かに自分と向き合う時間を習慣化してください。それだけで脳内のアイデアがどんどん育ちます。

「怒り」の処理をする

怒りは人にダメージを与える感情です。怒りに任せて他人を怒鳴ったり、なじったりして言うことを聞かせている人は、相手とのコミュニケーションにいつかほころびが出ます。それは誰もがわかっていること。「私は人に対して声を荒げたりしない」という人も多いでしょう。しかし、ここで取り上げるのはもっと巧妙な「怒りの使い方」です。

後輩が反省するまで、無視しておこう。
上司に仕返しをするため、作業の速度を落として困らせてやろう。
親子なんだから、言わなくてもわかるだろ？
夫婦なのに、なんで察してくれないんだろう？

こうした「怒り」の感情が土台となった周囲の人たちへのネガティブな行動やイラ立ちは、「パッシブ・アグレッシブ（受動的攻撃性）」と呼ばれ、じわじわと人間関係を壊します。怒りを直接的に表現することがなんらかの理由でできないとき、無視やサボタージュ、妨害・遅延行為、皮肉などによって相手を困らせ、遠回しに攻撃するのです。

たとえば、親に怒られた後、すねて口をきかなくなったり、つくってくれた晩ごはんを食べなかったり、自分の部屋に引きこもって出てこなくなったり……。

こうした心理をアドラー心理学のアルフレッド・アドラーは「負の注目」という言葉で解説しています。

「人は正しいことをして注目されないと、ときに『負の注目』を集めようとする。人生をみじめにするような努力はやめるべきだ」

人は「褒められる」「認められる」という「正の注目」を得られない状態が長く続くと、「負の注目」を集めようとします。

以前、私が相談に乗ったクライアントは、「いつも不機嫌でイライラしていてデスクの上に物を置くときもドスン、バタンと必要以上に音を立てる部下」に頭を悩ませていました。まさに負の注目を得るための態度です。

怒りを全面に出すわけではなく、しかし、その怒りの感情によって周囲の同情やなぐさめを買う人は周囲から煙たがられ、腫れ物に触るようなあつかいを受けるだけ。子どもっぽい幼稚な怒り方ですが、意外と無意識でやっている人は多いものです。

1分コーチング　テクニック⑨

感情のゴミは、自分だけの「ノート」に捨てる

もし自分にも思い当たる節がある……と感じるなら、「怒りの感情ノート」をつけてみてください。くり返しますが、パッシブ・アグレッシブは多くの人がついやってしまう行動です。

「今日の私、少しおかしかったかも？」と感じたら、怒りの感情と取った行動の振り返りをしてみましょう。

「怒りの感情のノート」には、怒りを感じた「日付」と「怒りの詳細」と「その怒りの感

情を引き起こした原因（きっかけ）」、「原因をどうとらえたことで怒り、その結果、どんな行動を取ったのか」を書き出します。

「怒りの感情ノート」で怒りの感情を抱いた1日を振り返ると、「負の注目」を集めようとする行為のデメリットに気づくことができます。そうして、自分の感情を態度でわからせようとするのではなく、うまく言葉にして、冷静に相手に伝える方法を探してください。表出した怒りを鎮めるのも〝自分〟です。

1分自己肯定感！

心のゴミ箱「怒りの感情ノート」

相手にぶつけられないやっかいな「怒り」は抱え込まず、その日のうちにノートに書いて、パッと手放そう

思いどおりにならない他人を消化する

あの人のことが許せない……。

ずいぶん昔のことだけど、今でも思い出すとムカついてくる……。

そんなふうに人を強くうらんでしまう感情は誰しも持っているものです。

その対象は子どものころから折り合いの悪かった親であることもあれば、別れた恋人やパワハラ上司、ひどい裏切り行為をした昔の友人かもしれません。

しかし、特定の人をうらみ、許せないとき、あなたはその相手にとらわれているといえます。「うらみ、許せないという気持ちを抱え続けること」＝「相手の支配下にいる状態」なのです。

まるで片思いの相手のように、1日中「憎たらしいアイツ」のことを考えているって、冷静に考えるとちょっとショックではないですか？

私のクライアントに、こんな経験を語ってくれた女性がいます。

美容業界で働いているEさんは、長らく理不尽な同僚に腹を立てていました。

その同僚は理由もなくEさんを無視し、本人のいないところで事実ではない噂話を広げ、ミーティングの内容を伝えずに仕事の邪魔までしてくるといいます。

しかし、原因がわからないので解決の方法も見つかりません。こちらから積極的に話しかけてみれば好転するかもと試してみても無視されてストレスが溜まるだけ。ならばと、こちらも無視するようにしてみたら、逆に同僚の存在が心の中でふくらんでいき、うらみ、許せないというネガティブな感情が強くなってしまいました。

そんなとき、久しぶりに会った学生時代の先輩に相談すると、**「嫌な人ほど〝お元気で、さようなら〟って心の中で言ってみて」**とアドバイスされたそうです。

「対人関係で嫌なことがあったら、私はそう考えるようにしているよ」と。

これは、「うらみ」や「怒り」の支配下から抜け出る的確なアドバイスです。

今後も、嫌な相手と物理的につき合いが継続するかどうかに関係なく。

「嫌な人ほど、お元気で、さようなら」は、嫌な相手を気にするのをやめ、自由になりましょうということ。つまり、ネガティブな感情を手放すことです。

1分コーチング　テクニック⑩

人間関係に自信を持つ「REACHメソッド」

こうした許しや手放しの方法は心理学のメソッドとしても確立されています。
ここではアメリカの心理学者エベレット・ワーシントンが考案した**「REACHメソッド」**という方法を紹介します。紙とペンをご用意ください。

REACHは、Recall（思い出す）、Emphasize（目立たせる）、Altruistic Gift（視点を変える）、Commit（許し、手放す）、Hold（維持する）の頭文字からきています。

STEP1　最初は、Recall（思い出す）

相手をうらみ、許せないと思うようになったきっかけについて思い出します。ポイントは、そんなあつかいを受けた自分を責めたり、相手に憤ったりするのではなく、何があったかを客観的に書き出すこと。同時に、そのときあなたがどんな感情になったかも書いておきます。

STEP2　次は、Emphasize（目立たせる）

相手がなぜ、あなたを傷つける言動を取るのか。その理由を相手目線に立って想像し、書いてみましょう。

他人を攻撃する人たちにとって、こちらに落ち度があったかどうかは、さほど重要ではないことが見えてきます。

STEP3　次は、Altruistic Gift（視点を変える）

相手とあなたの関係からいったん離れて、あなたがほかの誰かにきつく当たった場面を思い起こします。そして、その相手から許されたとき、どういう感情になったのかを書き出します。このステップを踏むことで、他人を許すことそれじたいが本人にとっても、相手にとっても精神的に利益（ギフト）をもたらすことがわかります。

人間関係をスッキリ解決する「REACHメソッド」

心の中に引っかかる出来事、モヤモヤする相手を１人選ぼう

1 RECALL（思い出す）

そのときどんな気持ちになったか、思い出そう。

2 EMPHASIZE（目立たせる）

相手はなぜそんな態度を取ったのか、想像してみよう。

3 ALTRUISTIC GIFT（視点を変える）

自分が誰かほかの人にきつく当たったときのことを思い出そう。

4 COMMIT（許し、手放す）

不愉快な相手にこだわることがむなしい、と気づこう。

5 HOLD（維持する）

またうらみや怒りの感情が戻ってきたら、1〜4をくり返そう。

STEP4　次は、Commit（許し、手放す）

「嫌な人ほど、お元気で、さようなら」というふうに、うらみ、許せない相手を許し、手放しましょう。ステップ1と2で書き出した内容を振り返ることで、不愉快な相手にこだわることのむなしさに気づくはずです。

人に対してつまらない態度を取ることしかできない相手の人格を許し、あなたの中にあるネガティブな感情を手放しましょう。

STEP5　最後は、Hold（維持する）

あなたが許し、手放したとしても、相手の嫌な態度は変わらないかもしれません。ふたたびいら立ち、うらみ、怒りの感情がわき出すこともあるでしょう。

しかし、ステップ1〜4をくり返すことで、ネガティブな感情に対処してください。嫌な相手が目の前から消えていなくなるわけではありません。また、嫌な相手を記憶から抹消することでもありません。今後、そういった別の人物に遭遇したときの自分の反応を変えるのが、「REACHメソッド」の狙いです。

ちなみに、うらみや怒りの感情にとらわれている状態と、許し、手放した後の健康状態を比較した研究では、次のような結果が出ています。

許し、手放した感覚はストレス症状を改善させ、血圧を下げ、免疫力を上げ、睡眠の質の向上に貢献。心と体の健康レベルを確実に高めてくれることがわかっています。

一度手放したあともまた、うらみ、許せないという気持ちが生じそうになったら、次の質問を自分に投げかけてみてください。

「執着することで、自分は幸せなの？」

「ネガティブな感情に引っ張られる状態は、自分に合っているの？」

1分自己肯定感！

人間関係に効く「REACHメソッド」

「イヤな相手に執着するのは幸せ?」──「お元気で、さようなら」とスッキリ手放し、先に進もう

たったこれだけでも、スーッと心の重荷が取れるはずです。

このメソッドは最初は10分程度時間がかかると思いますが、2回目から慣れてしまえば、1分でできるようになります。思いどおりにならない他人のせいで自己肯定感を下げるのはもったいない。どんどん消化して、先に進む習慣をつけましょう。

自分の「最強の味方」になる

感情をうまくコントロールする上でとても重要な要素があります。それはあなたが自分のことを受け入れることです。

人は、特別な才能を持った人にあこがれます。大好きなアーティスト、尊敬するアスリート、自分にはとてもできないと思える成果を出しているビジネスパーソン……。

すごい人たちと自分を比べて、「平凡で嫌になる」と思うこともあるでしょう。

でも、誰かとの比較で落ち込むことは今日からやめてください。それは「自分いじめ」の一種です。

たとえば、自分の親友や家族に「おまえなんて平凡でつまらないやつだ。世の中にはあんなに成功している人もいるのに、それに引き換えおまえは生きてる意味ある？」なんてひどい言葉をかけますか？

面と向かってそんなことを言う人がいたら、明らかな暴言でしょう。ところが多くの人は、ひどい言葉を「自分自身」になら平気でかけているわけです。

うまくいっている人たちの安定した感情を支えているのは、平凡な自分を愛する感覚です。彼らは誰かとの比較ではなく、過去、現在、未来の自分と対話することで着実に成長していきます。

自分を誰かと比べて、「あの人とは違う」「持って生まれた才能が……」「あんな努力の仕方はできない」と落ち込むことに意味はありません。

それよりも、自分の価値を再発見し、どんな小さなことでもかまいません、これまでに達成してきたことを受け入れるようにしましょう。

意外と、自分の得意なことは自分では気づかないことが多いもの。なぜなら「自分は、できて当たり前」だからです。むしろ他人を見て**「なんでこんな簡単なこともできないんだ？」と不思議に思うようなことが、あなたにとっての〝特技〟**だったりします。

あるいは、周囲の人に「ぼくの強みってどんなことだろうか？」と、率直に聞いてみると意外な発見があるかもしれません。

とある会社で働くTさんは、部下のレポートづくりが遅いことにイライラしていました。自分でやれば1時間でできることが、部下はモタモタして3日がかりです。しかし、Tさんが「あの部下はなんて使えないヤツなんだ」と結論づけるのは早すぎます。

むしろここは「Tさんが、レポート作成力がとても高い」と考えるべきでしょう。Tさんは**部下の出来の悪さを責めるより、自分の能力の高さに自信を持つべき**なのです。

1分コーチング テクニック⑪

自分の価値を高める「ライフデザイン・チャート」

つい自分を他人と比べて一喜一憂しがちだと感じている人は、このワークを習慣にしてみてください。名づけて「ライフデザイン・チャート」。

今までの、自分の「年表」をつくる作業です。

1 紙に棒を1本縦に引き、生まれてからこれまでを時系列にします。

2 思いつくままに、右側に「思い出に残るくらい最高だった出来事／いい転機になったこと」、左側に「最悪だった出来事／つらかったこと」を書きます。

3 それぞれのイベントに「最高の瞬間に、一緒に盛り上げてくれた仲間（家族、友人、知り合いなど）」、あるいは「つらいときに、隣でサポートしてくれた人」を書き添えていきます。

いかがでしょうか。この年表を眺めてみると、自分を支えてくれた人や、自分の価値を認めてそばにいてくれた人が、意外とたくさんいたことに気づくことができます。あるいは、それほど数が多くなくても、あなたを支え、大きな影響を与えてくれた人がいるかもしれません。

また、このワークをしていると、これまでも人生は紆余曲折《うよきょくせつ》があったことがわかります。山あり谷あり、けっして平坦な日々の連続ではありません。それでもあなたはここまで乗り越えてくることができました。その事実に大いに自信を持つべきです。

メンタルが下がったときは、ぜひこの「ライフデザイン・チャート」をもう一度眺めてみてください。自分ではなかなか気づけない、「人生のリフレクション（鏡＝内省）」の役

自分の価値に気づく「ライフデザイン・チャート」

これまでの人生で「起きたこと」、そのとき「まわりで支えてくれた人」を見直してみよう

左側
「最悪だった出来事／つらかったこと」
「つらいときに、隣でサポートしてくれた人」

右側
「思い出に残るくらい最高だった出来事／いい転機になったこと」
「最高の瞬間に、一緒に盛り上げてくれた仲間」

私の誕生
5歳
10歳
15歳
20歳
25歳
30歳
35歳

左側

- 人見知りのせいでなじめなかったクラス
- 話しかけてくれた、のちの親友
- 大学受験で第1志望に受からなかった
- 最後まで励ましてくれた担任の先生
- 一緒にがんばった予備校の友人たち
- 思いがけない社内異動
- 悩みを聞いてくれた友人
- 大失恋。3年つき合ってきた彼女にフラれる
- 落ち込んでいるときに遊びに連れ出してくれた友人

右側

- 部活の試合で優勝!
- 一緒にがんばったチームメイト
- 就職先でいい上司と先輩に恵まれた
- リーダーシップのある上司
- 面倒見のいい兄のような存在の先輩
- 結婚!
- お互い仕事が忙しくても支えあったパートナー
- 応援してくれた家族

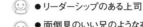

割をしてくれます。

仲間の存在に気づくことができ、人間関係にもいい影響が出てきます。

また、客観的に過去を俯瞰《ふかん》することで、未来へ向けて主体的に行動するきっかけができ、自然と自己肯定感が高まります。

1分自己肯定感！

「ライフデザイン・チャート」

思い出してみよう。これまで、あなたの中の光る価値を見て、陰に日向に助けてくれた人は誰だろう？

そう、そして、この**「ライフデザイン・チャート」の一番の主人公は、「あなた自身」**なのです。この先もずっと自分自身の「最強の味方」として、チャートの先をつくっていってください。

PART 4

物事のとらえ方

「目の前で起こること」を一瞬でプラスに変換する法

「幸運のつかみ方」を学習する

みなさんは「セレンディピティ」という言葉を聞いたことがありますか？

日本語に訳すとすると、「ふとしたきっかけで、幸運をつかむ能力」や「偶然の重なりのなかで、思いがけない幸運にめぐり合う力」となります。

じつは、自己肯定感の高い人は、低い人よりも約4～5倍「運に恵まれている」ということが、私の臨床データでわかっています。


「すばらしいチャンスが転がり込んできた」

「厳しい状況で手を差し伸べてくれた仲間がいた」

「ここしかないというタイミングで、大きな契約がまとまった」

私がクライアントから「どうしたら、幸運に恵まれますか？」と尋ねられたときに伝えているアドバイスは、たった1つ。

「〝今すぐ0秒で行動する〟を心がけてください」と答えています。

自己肯定感の高い人たちは、幸運が舞い込むのを待っていません。その行動力とポジティブな姿勢こそが、セレンディピティなのです。

そこで、セレンディピティを上手に働かせる3つの要素を説明します。

①すぐやることで、チャンスに気づく機会を増やしている

そもそもですが、運はいつもそばにめぐってきています。多かれ少なかれ、どんな人のもとにも、です。それが本人にとっての幸運となるかどうかの差は、「めぐってきた運に気づけるかどうか」にかかっています。

たとえば、自己肯定感の高いとき、人は「運」に気づきやすくなります。

すぐやる行動が増えると、多くの人との出会いがあり、その中で「あ、この人だ。この人と仕事をすれば間違いない」と思える場面が増えてきます。また、周囲の人から「こん

な話があるのですが、どうでしょう？」と持ちかけられたとき、引き受けるべきか、やめておくべきかの判断を的確に下すこともできます。

これは次の②とも連動していますが、幸運の種に気づきやすくなり、直感的に正しい解を選ぶことができるのです。

②運に気づき、行動するために欠かせない直感力

パート3でも取り上げましたが、直感の土台にはあなたの経験と興味と準備があります。自分が行動して得たこと、そこで学んだこと、技術として習得したこと。それらが重なり合い、積み重なり、自分だけのデータベースとなります。

そもそもデータベースへのインプットが少なければ、直感を使って引き出す（アウトプット）することもできません。そのためにも「すぐやる行動」が必須です。

③幸運を期待し、待てる能力

私たちはどうしても「今、この瞬間に運の力を借りたい」と願ってしまいがちです。しかし、ある一定の場所と瞬間にばかり気持ちを向けていると、他から絶妙なタイミングで

訪れる幸運を見逃してしまいます。

大切なのは余裕を持つこと。仕事以外に何をしたか思い出せないほど忙しいときに、他のことは目に入らないものですが、運にも同じことがいえます。

勝手に楽しく行動の量を増やし、余裕と好奇心を持って、周囲を見回すこと。もし、運を逃したと感じる場面があっても「ま、いっか。そのうち、きっとやってくる」くらいの感覚で受け流しましょう。幸運を期待して待てる能力が重要です。

1分コーチング　テクニック⑫

運を味方にする「スリーグッドシングス・テクニック」

以前、仕事に対して自信が持てないと悩むクライアントの男性に「スリーグッドシングス」というテクニックを試してもらいました。「自分にはまだできることがある」と、可能性に気づくきっかけになり、自己肯定感を高めてくれます。

やり方は簡単。1日の終わりや、リラックスできる時間にその日の「今日よかったこと」を3つあげて書き出していきます。

ノートに手書きがもっとも効果的ですが、スマホのメモ機能やＳＮＳへの投稿でもかまいません。たとえば、こんな小さなことでＯＫ。

「朝、いつもより早起きしたら、快晴の空が気持ちよかった」
「異動先の上司とゆっくり話す時間があって、距離が縮まった感じがした」
「仕事帰りに寄った文房具店で、しっくりくるペンを見つけた！」

ちなみに、こうした新しい習慣を身につけるには、21日間続けると定着するという研究データがあるので、まずは３週間続けてみてください。

「朝、◯時ごろの電車に乗ると、乗り継ぎがスムーズでストレスが少ない気がする」
「仕事ではじめて行く場所では、ひと回り散歩すると、新しい発見がある」
「最近知り合った◯◯さんと一緒にいると、すごくリラックスしている」

こうした感覚こそ、セレンディピティが育ってきたことの表れです。

強運体質をつくる「スリーグッドシングス・テクニック」

仕事帰りに
雰囲気のよい
居酒屋を見つけた！

雨上がりの空に
まるで映画のように
立派な虹が！

やってみたかった
プロジェクトの
コンペを勝ち取った！

◎手帳やノートに手書きする
◎スマホのメモに残す
◎SNSへの投稿

……どのメディアでもOK!

「スリーグッドシングス」を続けることは、1日、1日への期待感を高め、「自分にはいいことが起きるはず」「今日も楽しみだ」という意識を形づくってくれます。

そして、「0秒行動」を起こしてすぐやるクセをつけると、自己実現も仕事の成功も、加速度的にどんどんはずみがつき、強運体質が身につきます。

仕事について悩んでいたクライアントの男性のケースでは、3カ月ほど続けたところで物事のとらえ方が変化していきました。

難しい新規の案件を任されたとき、以前なら「大変だ」と感じていたのに、なぜかすべてを楽しめるようになったそうです。

運は、単なる〝偶然〟ではない

このように出来事のいい面を見るようになることで、次の発見が出てきます。

1　チャンスを最大限に広げられるのは「自分だけ」！

2　悪いことが「いいことを呼び寄せるきっかけ」になる！

3　たまたまの幸運は、たまたまではない！

ですから、冒頭の「どうすれば運を味方につけられるのか？」という疑問の答えは、**「すぐやる〝0秒行動〟を増やし、幸運に関するとらえ方を変化させればいい」**のです。

このようにパート4では、私たちの「物事のとらえ方」に焦点を当て、**具体的な変化の起こし方**を紹介していきます。

1分自己肯定感！

今日の「スリーグッドシングス」

強運を持っている人になるために、今日1日、「よかったなあ」と思えることを3つあげて、未来への期待を育てよう

「価値観」を多く持っておく

「ふつうはこうとらえるでしょう！」

「これくらい当たり前でしょ、なんでできないのかな？」

「常識で考えてみてよ」


仕事やプライベートの対人関係で、そんなふうに憤った経験はありませんか？

イラ立ちの枕詞になっている「ふつう」も、「当たり前」も、「常識」も、ある物事のとらえ方によってつながっています。

それは「他の多くの人も自分と同じ考えに違いない」「自分は多数派だ」と見なす傾向です。こうした心理は心理学の世界で**「フォールス・コンセンサス」（偽の合意形成）**と呼ばれています。

自分の経験に照らし合わせ、「こうだ！」と思うことは、当然、他の人もそうとらえるに違いない、と。

自分のふつうと相手のふつうが異なる可能性を想像せず、動いてしまう。自分の関心を持っていることに、相手も関心を持っていて当然と考えてしまう。

こうした**フォールス・コンセンサスの効果は、相手が親しい間柄になればなるほど強くなっていきます**。

しかし、現実には夫婦でも、親子でも意見が異なっているもの。ましてや一緒に仕事している仲間の価値観はズレていて当然です。

ところが、フォールス・コンセンサスが強く働いている人は、そこでショックを受け、冒頭のような反応を見せてしまいます。自分にとって都合のいい物事のとらえ方を裏切られ、感情が大きく揺さぶられてしまうからです。

その際、相手が部下で自分が上司という関係性なら「マウントを取る」といった行動に出てしまいがちに。

逆に自分が弱い立場なら「私の意見はおかしいんだ」と必要以上に落ち込み、具体的なアクションを起こせない状態におちいってしまうこともあるでしょう。

物事や出来事の意味づけは人によってさまざまです。同じ出来事でも省略したり、過度に一般化したり、歪曲《わいきょく》したり、違った意味づけがなされます。そのうえ誰もが、それぞれ違う意味づけに反応したり、言葉を発したり、行動を起こしたりしているのです。

物事や出来事に意味をつけているのが私たち自身であるとすれば、変化させることができるのは自分しかいないでしょう。

まずは1分で、自分が見ている意味づけを眺め、さらに違う視点からも眺めてみる。ここにご紹介するテクニックで、どんな人間関係も劇的に向上します。

1分コーチング　テクニック⑬

どんな人間関係も「複数の視点」で考える

フォールス・コンセンサスのワナから脱するためには、2つのコツがあります。

①どんなに自信のある意見でも、「他の人は違うかも」という視点でチェックする

②親しい相手だからこそ、自分にとって都合のいい解釈になっていないかと、日々、フォールス・コンセンサスという心理傾向について意識する

「ふつうはこうとらえるでしょう！」

⬅

「私のふつうと、彼のふつうは違うんだな。どうしてそうとらえるのか、聞いてみよう」(発見)

「これくらい当たり前で、なんでできないのかな？」

⬅

1分自己肯定感！

「複数の視点」で考える

自分にとっての「こだわり」を1つ選び、「もし、この見方がふつうじゃないとしたら？」と考えてみる

「自分では当たり前にできる仕事量だと思っていたけど、そうではないみたい。もしかしたら仕事のやり方、振り分け方を見直す必要があるかも」(気づき)

「常識で考えてみてよ」

⬅

「結婚して長いけれど、考えてみれば出身地も別々だし、習慣が違っても当然か。思い込みでイライラする前に、話し合ってみよう」(コミュニケーションの深化)

自分にとってのふつうが、相手にとってのふつうではないこと。自分の持っている地図と、相手の見ている地図は違うこと。揺るぎない自己肯定感を持つ人は、物事を2つの視点でとらえることを習慣化し、人間関係を驚くほど好転させています。

「課題の分離」で、意思決定を加速する

生真面目な人がおちいりやすい、物事のとらえ方の落とし穴があります。

たとえばあなたが仕事で、あるプロジェクトに責任ある立場で携わっていたとしましょう。そのプロジェクトは立ち上げ時点からトラブルが続き、スケジュールが遅れていました。あなたは上長に「状況を改善してほしい」と頼まれ、途中からアサインされます。

持っている力を十分に発揮し、他のメンバーとも信頼関係を築き、なんとかプロジェクトをゴールに導きました。しかし、当初から生じていたスケジュールの遅延は取り戻せず、数カ月リリースが遅れてしまいます。

あなたはその責任を取り、関係各所を謝罪して回ることになりました。

遅れそのものは初期に生じたわけで、あなたの責任ではありません。しかし、対外的に

はリリース時の責任者として謝る必要があるわけです。

こうした状況のとき、責任は持ちながらも自分を責めすぎる必要はありません。

ところが、物事のとらえ方が偏ってしまっている人は、うまく割り切ることができずに、「自分のやり方が悪かったからだ」と自分を攻撃し、疲弊してしまうのです。

こうした人には、「物事は完璧にこなさなければならない」といった「とらわれ」があります。「とらわれ」を認識できているあいだはいいですが、どこかでつまずいたとき、「できない自分はダメだ」という自己人格攻撃の落とし穴に落ちてしまいます。

「自分の責任の範囲とそうではない部分」の線引きをしておきましょう。自分が責任を負うべきことと、自分の人格とは、まったく関係がありません。

これは、仕事でも、プライベートでも覚えておいてほしいことです。

1分コーチング　テクニック⑭

決断力が身につく「タスクマネジメント・テクニック」

物事のとらえ方の偏りを解消するには、「課題の分離チェック」を使ったタスクマネジメント・テクニックが役立ちます。「課題の分離」は、アルフレッド・アドラーの心理学の中にある理論の1つで、混同しがちな責任の所在をはっきりさせていく方法です。

たとえば、先ほどの「プロジェクトの遅れの問題」について考えてみましょう。172ページの図を参考にしながら見ていきます。

「あなたが今、直面している課題を掘り下げ、書き出します。その後、それぞれの課題の責任は誰にあるのか仕分けていきましょう」

◆「なぜ、プロジェクトが遅れたか」について↓責任は、前任のリーダーにある

◆「プロジェクトの遅れを取り戻せなかったか？」↓責任は、プロジェクトチーム全員にある

◆「プロジェクト完了後、周囲に謝罪するべきなのは？」↓責任は、完了時点の責任者である自分にある

「課題の分離」の根底にあるのは、アドラー心理学の「他人の課題には踏み込む必要がない」という考え方です。

タスク管理の最強のツール「課題の分離チェック」

	出来事① 営業の成績を上げたい	**出来事②** パートナーと家事の分担を公平にしたい
自分の責任	◆上司に時間をもらいフィードバックを求める ◆チームメンバーと個別のミーティングを持つ ◆セミナーに参加 	◆週3日夕食準備 ◆パートナーが月2回休みの日、外出できるようにする 
共同の責任	◆チームメンバーと共通の目標を考える ◆顧客からフィードバックを集める 	◆話し合いの時間をつくる ◆家事のタスクを洗い出す 
第三者／相手／組織の責任	◆営業部メンバーの増強 ◆来期のチームのビジョン設定 ◆組織の予算獲得 	◆パートナー側の残業時間の交渉 ◆夕方の保育園のお迎え 

アドラーは、**まわりの顔色に合わせて物事を選択する姿勢は、人生の責任放棄だ**と戒めています。

「自分が思う、最善の行動を取ること」に集中できるようにしましょう。

自分が何をやるか、やらないか——自己肯定感の高い人は、この２つを必ず見極めています。すべてをシンプルにすることで、決断力が身につき、スピーディな意思決定が可能になるのです。

1分自己肯定感！

「課題の分離チェック」

「自分の課題」「共通の課題」「相手の課題」の3つをクリアにすると、意思決定がサクサク進む

「人のいいところ」を見つける

じつは、成功者ほど周囲の活躍を期待し、信じる傾向があります。どんなに優秀な人でも、自力でできる成功は有限だと知っているから。むしろ、仲間の力を引き出しながら、物事をポジティブな方向へと動かしていくことが、成功者には必要不可欠なのです。

アメリカのロバート・ローゼンタールは、対となっている興味深い2つの心理効果を発見した教育心理学者です。

1つは「ピグマリオン効果」、もう1つは「ゴーレム効果」です。

ピグマリオン効果は、**「人は期待されると、その気持ちに応えるような行動を取りやすくなる」**という心理のこと。

皆さんにも経験があると思いますが、私たちは上司、後輩、取引先の人、あるいは家族から信頼され、期待されたとき、「その信頼に応えたい」「期待してくれた人に報いたい」という気持ちになり、行動的になります。

こうした行動原理を支えているのがピグマリオン効果で、期待と行動と成果に関する基本的なしくみとして、今も教育やビジネスの現場で活用されています。

一方、ゴーレム効果は、**「人から期待されず、無関心でいられると、やる気が出ず、力を発揮することをためらってしまう」**という心理のこと。

こちらも覚えがあるでしょう。人は周囲から軽くあつかわれると「力を貸すものか」という気持ちになり、本来のパフォーマンスを発揮しようとしません。

1分コーチング　テクニック⑮

「ピグマリオン効果」の成長スパイラル

たとえば、周囲に対する期待が低い人は知らずしらずのうちに、対人関係をゴーレム効果のバイアスでしか見られないようになります。

◆あなたの対人関係のとらえ方

・周囲の助けや力を期待しない
・周囲の誰もが想定内の低いパフォーマンスにしか見えない
・ますます周囲の助けや力を期待しなくなる

↓

◆周囲の人からのあなたへの評価

・あなたから期待されていない、求められていないと感じる
・手助けしにくい。いざとなっても力を出し渋る
・ますます心理的な距離が離れ、親密度も失われていく

この負のサイクルにはまると、とくに職場のチームでよくない結果をもたらします。

状況を変えたいときは、まず自己承認（自分のいいところを見つける）から始めてください。というのも、**自分自身の長所に目を向けることで、自己を認めることができると、他者のいいところも認めたくなる（他者承認欲が出てくる）のです。**すると、**どんどん周囲の人のいいところにも気がつく**ようになります。

このサイクルによって、対人関係において周囲に期待する姿勢を取り戻すことができ、助けを借り、感謝を返し、ますます仲間が力を発揮してくれる……というピグマリオン効果が発揮できるようになります。

今日から1分だけ、自己承認の時間を持ちましょう。たったこれだけで、あなたもあなたの周囲も、ともに一歩自己実現に近づくのです。

1分自己肯定感!

人を育てる「ピグマリオン効果」

人に力を発揮させるにはまず自分から。「自分の長所」を毎日1分考え、ほめまくり、周囲にも広げよう

「1年の進歩」を喜ぶ

脳科学や心理学の研究で明らかになっていますが、私たち日本人は、概してネガティブな物事のとらえ方をする傾向があるようです。

たとえば、欧米人と日本人の貯金への意識調査を見ると、具体的な目的なしにはお金を貯めない欧米人の姿と、将来やってくるかもしれない不安に備えてお金を貯める日本人の感覚の違いが浮き彫りになります。

もちろん、コツコツと貯金するのは悪いことではありません。ただ、起きるかどうかわからない不安に追われて行動する習慣がついてしまうと、人生はうまくいかないサイクルに入りやすくなります。

なぜかというと、心理学の世界で**「自己充足予言」**と呼ばれる心の動きが働いてしまうからです。

スポーツを趣味にしている人は心当たりがあると思いますが、プレーを開始した直後から何度かミスが出ると、「なんだか、今日はツイていないな」という気分になります。その後、モヤモヤしながらプレーをし続けると、ますますミスが増え、本人も驚くほど悪い結果になってしまうのです。

こうした現象の原因となっているのが、自己充足予言。目先のミスにこだわり、ツイていない、うまくいかないと思い込み、自分自身が暗示にかかってしまうのです。

本来は別の理由で起きたミスかもしれないのに、「今日はツイてない」「今日はうまくいかない」と思い込むと集中力が途切れ、プレーが雑になり、暗示はさらに強化されます。その結果、予言が現実となり、「ほーら、やっぱりね」と自分を満足させてしまうのです(!)。

自己充足予言は、スポーツにかぎらず、仕事にも恋愛にも勉強にも深くかかわってきます。

「職場を異動になってから、どうもうまくいかない」
「最近、恋人の嫌なところばかりが気になる」
「模試の結果が最悪で、勉強に集中できない」

いずれも自己充足予言にかかっている状態です。ネガティブな予感を信じて探し続けると、うまくいくものもうまくいきません。なにせ心の奥深くで自分が信じているのは、「やっぱり自分の不安（予感）は的中した」という未来だからです。

1分コーチング　テクニック⑯

「1年日記」で、ポジティブの量を増やす

こうした状態におちいっているクライアントに会ったとき、私が提案しているのは3行程度の「1年日記」をつけることです。

◆その日の印象的だった出来事

◆楽しかったこと
◆悩みや不安に思っていること

箇条書きでかまいません。大切なのは中長期的な視点を持つため、長く続けることです。

悩みや不安に関する思い込みの自己充足予言は、日記を3カ月程度続けると解けていきます。

私も経験しましたが、中長期的な視点で自分の1年前を俯瞰すると、とてもしんどいと思いながら綴っていた悩みや不安の大部分を、覚えてすらいないことが多々ありました。

物事のとらえ方は時間とともに変化するものだと気づくことで、自己充足予言の足かせから脱することができるのです。

たとえば、先ほど、例にあげた3つの状況も1年後には、こんなふうに受け止め方が変わっているかもしれません。

「職場を異動になってから、どうもうまくいかない」

➡

「新しい現場で揉《も》まれるうち、スキルが上がったのを実感している。いい機会だった」

「最近、恋人の嫌なところばかりが気になる」

⬅

「ここが気になると話し合った結果、お互いの価値観を深く理解し合えた」

「模試の結果が最悪で、勉強に集中できない」

⬅

「一度、立ち止まり、なぜ受験するのかを考えるきっかけになった。志望動機がはっきりしていい小休止だった」

このように時間軸を変えることで、物事のとらえ方は変化していきます。

人は不安に支配され、自己肯定感が下がったとたんに「不幸だ」と感じます。毎日1分、こうしてとらえ方を変えるだけで、簡単に自己肯定感を回復することができます。

1分コーチング　テクニック⑰

夢の実現速度を上げる「フォーシーズンズ・メモ」

もう1つ、クライアントのみなさんにすすめているのが、「1年を4つの漢字で予祝する、メモ」。「予祝する」とは、**「夢の実現を信じ、あらかじめお祝いしてしまう」**こと。まさに「自己充足予言」の効果をポジティブに活かすことを意味します。

例年末、「今年の漢字」が発表されますが、あの「未来志向バージョン」。ポジティブな視点から未来を中長期的にとらえ、自己肯定感を高く保ちます。

ノートの1ページに縦線と横線を引いて4分割し、今後の1年を想像しながら、それぞれに春「○」、夏「○」、秋「○」、冬「○」（季節の順番は、そのときのタイミングに合わせて変えてOK）と1文字書き込みます。

ここでのポイントは、なんの制限もなく自由にワクワク生きている自分を想像すること。その下に、さらに肯定的な見方で理由を書きましょう。

たとえば、春の漢字が「充」だったとしたら、「転職直後で忙しくなりそう。でも、自分の強みが活かせて充実している」といった感じです。これなら1分でできますね。

人間の脳は想像したことを、知らずしらずのうちに行ってくれます。

「今年1年の自分」を想像するとき、自分が意思決定力を持ち、決断し、行動し、自己評価し、みずから課題を見つけ、課題の対策行動を考える力がわいてくる——**夢の実現に大切なのは、人生のリーダーシップは自分がにぎっているということを認識すること**です。

1分自己肯定感！

「フォーシーズンズ・メモ」

ワクワクしながら、ノートに「今年1年の漢字」を書いてみる。すると脳が勝手に夢をかなえてくれる

自己実現を加速する
「フォーシーズンズ・メモ」

春
充
「充実」の日々。
忙しくなりそうだけど、自分の強みを活かせてうれしい。
夏
獲
「捕獲」「獲得」。
プロジェクトの成功を見すえ、結果を出すとき。
秋
輝
「輝き」の瞬間。
やった！ 上司やチームのメンバーにも認められた！
冬
飛
「飛躍」の季節。
より難易度の高いプロジェクトを任され、次のステージに進むときが来た。

相手に「ビジョン」を見せる

周囲から信頼されている自己肯定感が高いリーダーには、ある共通点があります。

それは**自分たちがともに取り組んでいくことについて、必ず「なぜやるのか」「何のためにやるのか」といったビジョンを語ること**です。

優れたリーダーは将来のあるべき姿やこの仕事を通して実現したい未来像を語り、行動を見せて、かかわる人たちを励まし、勇気づける言葉を発します。

ポジティブなメッセージは相手の物事のとらえ方を変化させ、自分と同じ方向へ目を向けさせることができます。

これを心理学では**「ラベリング効果」**と呼んでいます。

仮に教育現場で指導者から「おまえはダメだ」「落ちこぼれ」「できそこない」「やる気

がない」「暗い」など、ネガティブなメッセージをぶつけられた学生は、しだいに生気を失い、その言葉どおりの人間へと変化していってしまいます。

逆に、リーダーからモチベーションの上がるビジョンを提示され、「達成のために、あなたの力が必要だ」「あなたの協力がチームを左右する」といったメッセージを投げかけられた人は、チームのために自分の力を最大限に発揮しようと思うようになります。

1分コーチング　テクニック⑱

「人を励ます」という最強の「ラベリング効果」

偉大なリーダーというのは、まわりにいる人へビジョンを語り、夢を見せてあげられる人です。この能力に男性も女性も関係ありませんよ。あなたのビジョンに耳を傾けてくれた人がたちまち味方に変わっていくのです。

ビジョンなんて、そんな大げさなことは思いつかない――そんなときは、**相手に励ましの言葉をひとこと投げかけるだけでOK。**

「すごいね」

「すばらしい」

「うまくいったね」

「話を聞いてくれて、ありがとう」

「プロジェクトが成功したのは、○○さんのおかげです」

「会議でのさっきのアイデア、いい感じだと思いました！」


どれも相手の自尊感情、自己受容感に働きかけ、自己肯定感を高める励ましの言葉です。

それも「朝一番に必ず伝える」「1日の終わりに伝える」など、習慣化してください。声をかけやすい人から始めて、「苦手なアイツ」にも言えるようになったら大成功。意外と、こういうことはわかっていても言葉にできていない人が多いのです。

また、長々と励まし続ける必要もありません。ひと言、ふた言で十分です。

大切なのは、**自分とあなたのまわりの人に「励ます人」「励ましてくれる人」というラベルを張ること**だからです。

1分コーチング　テクニック⑲

相手との絆を強固にする「フィッシュ・メモ」

水族館でおなじみのイルカショー。

イルカの調教の際には「〇〇してはいけない」という言葉は使わないというのです。いい動きをしたときだけ、笛で合図をし、ご褒美と励ましと勇気づけのフィッシュ（エサの魚）を与えます。

もちろん人間とイルカは違いますが、「たとえ話」として聞いてください。

私たちで言うなら、自分の強みを発揮しながら、褒められ、励まされ、勇気づけられたりすると「自分でもやればできる！」「自分らしくいれば、いい結果が出る」と自信を持つことができます。

さて、イルカのトレーナーは、イルカが1つの芸を覚えたら、もうその芸をしてもフィッシュを与えません。今度は違う芸をしたときだけフィッシュを与えるのです。

するとイルカは、新しい芸をしたら、フィッシュをもらえるということを学習し、それが「最高に楽しい」と思うのです。まさに、イルカの「ラベリング効果」。

このことを応用して（くれぐれも人間はイルカではありませんが！）、1日1つ、誰かを褒める、励ます、勇気づけるためのひと言メモを渡してみるのも効果的。

名づけて「**フィッシュ・メモ**」。このたった1分の小さな習慣が、人との絆を高めてくれます。

私のメンタル・コーチングの経験でも、どの職種であれ、自己肯定感の高い人は確実に「褒め上手」「励まし上手」だといえます。


1分自己肯定感！

やる気の源「フィッシュ・メモ」

1日1人、部下や同僚、あるいは家族に、メモ（もちろん、メールでもOK）で励ましのメッセージを送ろう

「今よりよくしたい」を習慣化する

以前、「習慣を変える」というテーマのセミナーをしているとき、30代の受講生の女性から「何度もダイエットを決意するんですけど、うまくいきません」という質問を受けました。彼女の表情も口ぶりも真剣そのもの。話を聞くと、ダイエットに関する知識はプロ級。でも、セミナーの間、ずっとグミをつまみ続けていたのです。

◆ダイエットしたいと思っているけど、お菓子を食べ続けてしまう
◆下調べも十分で、知識もあるけど、途中で挫折してしまう
◆やらなければいけないことはわかっているのに、遠回りしてしまう

行動経済学では「現状維持バイアス」という言葉で説明されますが、**人間は変化して得られそうなものよりも、変えることで失うものを重要視してしまいます**。

ダイエットでいえば、体重を減らし、健康的な体になることは長期的に見て、よい変化です。合理的に考えれば、カロリーの多い食生活を改め、適度な運動習慣をつけていくべきだと納得できます。

ところが、よい変化を実現するための最初の一歩。これまで習慣を変えるための行動が脳にとっては大きなストレスに感じられるため、「やらなければいけないことはわかっているのに、遠回りしてしまう」のです。

1分コーチング　テクニック⑳

思いを行動に変える「if-thenプランニング」

では、生活習慣をうまく変えられる人はどうやって、この特性を回避しているのでしょうか。

じつは、誰もが日々「今よりよくできることはないか？　もっと改善できることはないか？」と考えています。けれども、実際、結果の明暗を分けているのは、**人間の特性を回避するコツを知っているかどうか**です。

「if-thenプランニング」というテクニックがあります。

これは「もし（if）Xが起きたら、行動（then）Yをする」と前もって決めておくことで、行動の導線をつくる方法です。心理学、脳科学などの数多くの学術研究で効果が立証され、行動力を呼び起こすための最強のテクニックだといわれています。

「if-thenプランニング」は、日常生活に組み込んで、すぐに実践できるのがポイント。

ダイエットをしたいと言いつつもお菓子を食べてしまうのなら、「お菓子を口に入れてしまったら（if）、そのまま5回スクワットをする（then）」と決めておきます。

あるいは、毎日ジョギングやウォーキングを続けたいなら、「帰宅したら（if）、すぐにランニングウエアに着替え、玄関に向かう（then）」と決めておくのです。

すると、「もっと食べたい」「今日は眠たい」「ゴロゴロしてネット動画を見ていたい」といった欲求と関係なく、自動的に行動を起こすことができます。

なぜなら、脳には「Xと決めたら、Yをする」というしくみを実行しやすい特性があるからです。

大事なのは、「if-thenプランニング」で変化を嫌う脳の特性を回避しながら、「今日はお菓子を食べるのも最初のひと口だけでやめられた」「ウォーキングが1週間続いた」などの小さな成功体験を積むこと。

すると、この小さな成功体験が自信となり、実現したい成果につながる新たな行動が習慣化できるようになります。

1分コーチング　テクニック㉑

脳に「努力の心地よさ」を埋め込む「セルフ・フィードバック」

さらに、ここからがポイント。習慣をさらに加速させるのが「セルフ・フィードバック」というテクニックです。

昨今の欧米の企業では、働く人たちの「エンゲージメント」という指標が非常に重視されています。

エンゲージメントとは、「仕事に対するモチベーション、会社に対する愛着心」と訳されますが、とくに「モチベーションの高さ」という点において自立的・自発的な姿勢を強く含みます。

しかし、日本企業の社員のエンゲージメントは世界でもっとも低いという結果が出ており、コンサルティング企業「タワーズワトソン」の調査（2014年グローバル労働力調査）では、「少なくとも2006年から2013年まで、日本はグローバル労働力調査の対象国中、最低スコアを記録し続けている」というのです。

これは、モチベーションを維持するスキルを知ってしまえば、解決すること。

ここでご紹介するセルフ・フィードバックは「自分の行動を自分に言い聞かせ、モチベーションを上げる方法」です。ポイントは3つ。

1　「褒める」以上に「自分が自分を尊敬」すること

2　自分の行動を思いきり賞賛すること

3　自分に「自分の意見」を伝えること

「帰宅したら（if）、すぐにランニングウエアに着替え、玄関に向かう（then）（if-thenプ

ランニング）

←

「ランニングできた自分は素晴らしい！　来週の日曜日は親しい友人とキャンプに出かけて大いに楽しんでいいよ」（セルフ・フィードバック）

人間はとてもシンプルな生き物。楽しいことは続くし、つらいことは続きません。だから、**「爽快感」や「楽しい」「うれしい」などの快感を、モチベーションアップのために使いましょう。**たった1分で自己肯定感が高まり、思いを行動につなげることができます。

1分自己肯定感！

「if-thenプランニング」

「スクワットを5セットしたらチョコ1個」など、行動の流れはセットで決めておくと、挫折を回避できる

「誰とつき合うか」を選ぶ

人間関係が上手な人は、ある人間の特性を理解した上で、友だちやつき合う人を選んでいます。

その特性とは、誰もが身近にいる人たちに強い影響を受けるというもの。親友や長年連れ添った夫婦の価値観が似ているのは、一緒にいるうちに感情や物事のとらえ方が近づいていくからです。

こうした特性は心理学の世界で**「情動感染」**と呼ばれ、今世紀に入ってからの研究によって、そのしくみが明らかになってきました。

情動感染とは、周囲のいる人やニュースなどの影響を受け、感情や物事のとらえ方が変化していく現象です。なかでも負の感情やストレスは感染力が強く、まるでタバコの副流煙のように周囲の人々へと伝わっていきます。

たとえば、カリフォルニア大学で行われた実験では、まわりにイライラを募らせている人がいたり、いくつものネガティブなニュースに接したりしていると、自分の表情や声の出し方、コミュニケーションの取り方まで暗く変わってしまうことがわかっています。

こうした情動感染を引き起こしているのは、ミラーニューロンと呼ばれる脳の神経細胞です。私たちはミラーニューロンの働きのおかげで、他人の感情を理解し、共感することができる一方で、疲れた様子の人を見ると自分もしんどく感じたり、相手の舌打ちを聞くと、こちらまで怒りの感情を抱いたりしてしまいます。

1分コーチング　テクニック㉒

「全肯定承認の輪」をつくる

忘れてはいけないのは情動感染が、ポジティブな感情、物事のとらえ方でも発生することです。

たとえば、あなたのまわりに「大らかな性格で、あなたを明るい気持ちにしてくれる人」「問題解決のヒントになるようなアドバイスをくれる人」「自分の目標を明確にし、やる気にさせてくれる人」など、**ポジティブな影響を与える人が現れたら、積極的にコミュニケーションを取るようにしましょう。**そうして、そんな素晴らしい相手にとって、まるで鏡のように、自分自身もよい影響を与えられるようになりましょう。

もし自分のまわりにはいい人がいないときは、思いきって新しいコミュニティに飛び込むことです。

以前、私のクライアントに不登校の高校生がいました。彼は中学・高校とバスケット

1分自己肯定感！

「全肯定承認の輪」を広げる

「あなたを認め、成長させてくれる人は誰?」――コミュニティは自発的に選び、選択肢を増やそう

ボール部にいましたが、部内の人間関係に悩み学校に行けなくなってしまったのです。

そこで、私は地元を離れた別の地域の社会人バスケットボールのチームに参加することをすすめました。彼はそこで居場所を見つけ、同世代から50代のプレイヤーとつながりました。すると、みるみる元気になり、大学に進学することができたのです。

アメリカのヘンリー・ゴダード博士が子どもたちを対象に行った実験があります。テストの直前に「君の能力は素晴らしい。今日のテストは簡単にできる」と伝えるグループと「今日のテストは大変難しいけれど、大丈夫か？」と聞くグループに分けました。すると前者のグループのほうが、成績が向上した、というのです。これこそ肯定的な言葉、承認の言葉が、人間を活性化させた証左でしょう。

プライベートでは「つき合いたくない人とはつき合わない」を徹底し、お互いが成長できる関係を選ぶ勇気を持ってください。

「自分」に集中する

「みんなもこう言っているよ」
「上司からこうしろと指示が出たから」

誰かほかの人を主語にした言い訳は、パート1で紹介した「セルフ・ハンディキャッピング」の一種です。

万が一、自分の取り組みが失敗したとき、周囲から「使えない人」「結果を出せない人」という評価を受けないようにするための予防線であり、そもそも**“自分が”行動を起こさない理由づけ**にも使われます。

厳しい見方をすると、自動的にこういう言い訳が浮かんできてしまう人は「私にはこの状況を変える力がない」という無力感に支配されている証拠。自己決定権を手放している うちに、さらに自己決定感を失っていくのです。すると当然、自己肯定感が低下。

この状況を打破するために重要になってくるのが、**「みんな」ではなく、「自分自身」にフォーカスする**こと。つまり、「私」がどうしたいのかに集中することです。

「私は、本当はどうなりたいのだろうか?」
「100%みんなの判断だとしても、ここで自分ができることはない?」
「たとえ誰かのせいだとしても、この状況で自分に変えられることはないだろうか?」

こうした自分への問いかけによって、行動のブレーキをかけないようにします。

1分コーチング テクニック㉓

人生のリーダーシップを取る「タイムライン・ワーク」

ここでは「タイムライン・ワーク」という自己実現トレーニングを紹介します。

これは「現在の自分」を起点に「1年後」「3年後」「5年後」の自分をイメージするワークです。まずは漠然としたイメージでかまわないので、次のような問いを自分に投げかけ、想像をふくらませていきましょう。

「○年後、どんな自分になっていたいか」
「○年後に何を実現したいか」
「○年後、どんな生活を送っていたいか」

仮に今のあなたが仕事やプライベートのことで身動きの取れない状況だったとしたら、タイムライン（時系列）がうまく描けないかもしれません。
しかし、「先のことが考えられない」「未来は大して変わらないのでは」とショックを受けることには、意味があります。「今、手を打つべき」と気づけるからです。そのうえで、思い描いたイメージと具体化した目標、実現したときの感情を書き出していきます。

◆1年後の自分は、副業を始めている。ワクワクしている

◆3年後の自分は、会社を辞め、独立している。不安と期待が入り混じっている
◆5年後の自分は、事業を立ち上げ、会社を設立している。うまくいくと信じている

長い人生を最後まで豊かに生きるためには、「自分の価値観（自分はどうしたいか）」というブレない要素が絶対に必要になってきます。

自分で目標を設定し、課題を見つけ、実行する。そして、評価するのも自分です。

周囲がどうあれ、人生は自分しか動かせないのです。

1分自己肯定感！

価値観の「タイムライン」

ブレない人生を築くために「私は10年後、どうなっていたいだろう?」と想像してみる

「プレッシャー」を利用する

プレッシャーはメンタルにとってマイナスだと思えるかもしれませんが、自分を成長させる原動力として欠かせません。人の期待に応えようとする中で、自分の限界を超えたり、「時間がない」と意識できたりするからこそ、集中でき、生産性が上がるのです。

また、**感じているプレッシャーが大きいほど物事に真剣に向き合っている証拠**であり、その取り組みがあなたにとって大切だからこそ悩みも大きいのです。

しかし、時にはプレッシャーに押しつぶされそうになる場面もあるでしょう。

たとえば、厚生労働省が行ってきた労働ストレス調査を見ても、「納期や期間に急かされながら、短時間で重要な意思決定が必要な仕事」「1人で処理する仕事量が多く、決められたスケジュール内で終わらせる仕事」は、長時間労働と同じかそれ以上に、うつ病や過労自殺の引き金になることが報告されています。

じつはプレッシャーには大きく分けて2つの感じ方があります。

「試験や仕事で、いい結果を出したいとプレッシャーを感じる」

「親や上司をがっかりさせたくないとプレッシャーを感じる」

自分自身への期待から感じるプレッシャーと、周囲の期待を意識して感じるプレッシャーです。後者のプレッシャーを感じ、しかもそれを誰にも相談できないとき、私たちは追い込まれてしまいます。

1分コーチング　テクニック㉔

プレッシャーを成長に変える「1分セルフトーク」

とはいえ、「ＳＯＳを伝える相手がいない」というケースもあるでしょう。

そういう場合は、つらさを心の奥底に押し込めることなく、「セルフトーク」の時間を持ってみてください。1日1分、静かに座ってもいいし、電車の中で行ってもOK。

やり方は簡単です。

まず、ゆっくり深呼吸します。

気持ちが落ち着いてきたところで、自分の持っている「強み」や「能力」を思い浮かべます。

◆記憶力がいい

◆整理整頓が得意

◆人の話をきちんと聞くことができる

◆難しい内容を噛み砕いて説明できる

◆落ちついている

思い浮かんだ強みや能力の中から、今、プレッシャーを感じている出来事に対処するために使えそうなスキルや状況を紙に書き出していきます。

自分の「強み」「すでに持っている才能」に意識を向けることで、「自分にはうまくやれる能力がある」と気づくわけです。

現代経営学の父・ドラッカーは、「自分を変えようとしてはならない。……それよりも、みずからの得意とする仕事の仕方を向上させていくべきである。不得意な仕方で仕事を行おうとしてはならない」と言っています。

自己肯定感が高まれば、プレッシャーを感じることも1つの強みととらえることができ、「今ある能力を活かして何ができるか」を考えられるようになります。

1分自己肯定感！

自分と向き合う「1分セルフトーク」

静かに座って1分間、自分の「強み」を活かす方法を考えると、プレッシャーが消えていく

PART 5

行動

「1分習慣」が人生のクオリティを爆上げする

「眠りのゴールデンタイム」を確保する

行動に変化を起こすと、感情や物事のとらえ方が変わり、自己肯定感を上げてメンタルをいい流れに乗せることができる――このことはパート1でもご説明しました。

いよいよ本パートでは、フィジカルな「行動」に着目し、今日からすぐに取り組むことのできる実践的なテクニックを紹介していきます。

最初に取り上げておきたいのは、睡眠。

「行動」のパートなのに、なぜいきなり睡眠なの？　と疑問を持つ方もおられるでしょう。

しかし、睡眠は脳をベスト・コンディションに整えることのできる唯一無二の行動なのです。睡眠はその人のパフォーマンスを左右し、自己肯定感にもダイレクトに影響します。

オランダに本社を置く大手健康機器メーカーの調査によると、先進国でもっとも夜更かしの国は日本。しかも、総務省のデータでは日本人の5人に1人は睡眠に不安を抱えていることがわかっています。加えて、自己肯定感に関する国際調査では、もっとも自己肯定感の低い国が日本でした。

睡眠への不安と、低いままの自己肯定感。睡眠のクオリティがメンタルに与えている影響が大いにありそうです。

たとえば、経済的、社会的に成功している人たちと一般の人の睡眠時間を比べたアメリカの研究によると、成功している人たちはより長時間眠っていることがわかっています。

成功者たちの平均睡眠時間は約8時間。一方、それ以外の人の平均睡眠時間は約6時間。

睡眠時間に2時間もの差があるのです。ちなみに、30代、40代の日本人の平均睡眠時間を見ると、4割以上の人が6時間未満というデータ（厚生労働省調べ）もあります。

「毎朝4時半に起きる」と公言している「アップル」のCEOで「ナイキ」の社外取締役も務めるティム・クックは毎日確実に7時間の睡眠時間を確保しているといいます。

同じく4時半に起床していることで知られる「スターバックス」の名経営者であったハワード・シュルツは、著書などで8時間睡眠を提唱しています。

彼ら世界的な経営者は、他の誰よりも多忙を極めていると思いますが、それでも睡眠時間だけはなによりも優先していることが見えてきます。

脳と体は何時間眠れば回復する？

では、誰もが7時間、8時間眠ればいいのかといえば、そうではありません。

脳と体をリフレッシュさせるために必要な睡眠時間は人それぞれ異なるからです。まずは自分の睡眠タイプとサーカディアンリズム（体内時計のリズム）を知ることが大切です。

睡眠に関する研究によると、私たちが必要とする睡眠時間は遺伝子によって決まっていて、３つのタイプに大別されます。

たとえば、私は全体から見ると少数派の「ショートスリーパー」です。

毎日3～4時間の睡眠で元気に過ごすことができます。歴史上の人物では、ナポレオン・ボナパルトやトーマス・エジソンが代表的なショートスリーパーとして知られています。

彼らは夜、まとまった睡眠時間を取るかわりに、「昼寝」の習慣があったそうです。

ちなみに、私もセミナーやカウンセリングの合間、移動中など、スキマ時間に短時間の昼寝を取っています。周囲が驚くくらいあっという間に眠っているようです。

そんなショートスリーパーと同じく少数派なのが、10時間前後眠らないと元気にならない「ロングスリーパー」に分類される人たち。1日の半分近い時間を寝床で過ごす彼らは「怠けている」と誤解されがち。しかし、長時間眠らなければ疲れが回復しない体質なのです。

ただし、こうしたショートスリーパー、ロングスリーパーは双方合わせて、全人口の2割弱。残りの8割以上の人々は7～8時間の眠りで回復する「ミドルスリーパー」です。

睡眠時間は短ければいい、長ければいいではなく、自分がどの睡眠タイプかを見極め、適切な時間を確保することが大切です。

眠りのゴールデンタイム

もう1つ大切なのが、サーカディアンリズムに合わせた眠り方を知ることです。

サーカディアンリズムとは、文明の起きる前から人の営みの中で「日の出とともに起き、夜は眠る」という生活サイクルを通じてつくられたリズム。私たちの体の各機能は、サーカディアンリズムに合わせてうまく働くようになっています。

たとえば、17時ごろは、心臓などの循環器系の効率が1日のうちもっとも高く、力が出やすくなり、午前10時ごろは認知能力が高まり、知的な作業に向いていることがわかっています。

普段の暮らしではサーカディアンリズムを強く意識する場面は少ないですが、海外旅行をしたときの時差ボケはサーカディアンリズムの乱れによって生じるもの。現地到着後、あるいは帰国後、十分な睡眠を取ったものの、疲れが取れにくいのはサーカディアンリズムが乱れ、体の機能がうまく働いていないからです。

時差ボケほどひどくはないものの、現代人の生活スタイルはサーカディアンリズムの乱れを生み出す方向にシフトしています。

なんとなく深夜2時、3時までスマホを見てしまったり、夜勤のある仕事で昼夜逆転してしまったり……。私たちは夜行性の動物ではありませんから、リズムの乱れは心身の不調につながります。

それを避けるには、サーカディアンリズムを意識しながら質の高い睡眠を取ること。基本となるのは、早寝早起きです。

とはいえ、20時、21時に寝床に入るのは難しい人も多いでしょう。そこで、意識してほしいのが「睡眠のゴールデンタイム」です。

具体的に言うと、**睡眠の質は22時から夜中2時の間に深い眠りに落ちているかどうかで決まります**。なぜなら、この時間帯は成長ホルモンがさかんに分泌されるからです。

成長ホルモンと聞くと、成長期特有のものと思われるかもしれませんが、傷ついた細胞を修復し、疲労を回復させる効果があり、大人にとっても欠かせないホルモンです。

睡眠のゴールデンタイムに眠ることは脳の疲労回復、神経細胞の修復にも大きな効果が期待できます。これはショートスリーパー、ロングスリーパー、ミドルスリーパーのどのタイプにも共通していて、「何時に眠りに落ちたか」を重要視してください。

1分コーチング　テクニック㉕

人生のパフォーマンスを変える「1分プレ睡眠習慣」

そこで、ゴールデンタイムを活かした睡眠を取るための方法を紹介します。

たとえば、「なかなか寝つけない」という悩みがある場合、午前中に太陽の光を浴び、軽い運動をしてください。寝つけない原因の1つが、サーカディアンリズムのずれ。これを調整するには、体内に「セロトニン」を溜めることが大切です。

セロトニンは、ストレスをコントロールし、不安を取り除いてくれるなど、メンタル面に深く関与する神経伝達物質。そして、**セロトニンの分泌を後押しするには、起床後、午前10時までに日光を20〜30分ほど浴びること、散歩などの軽い運動をすることが有効**です。加えて、肉や魚、豆乳や納豆といった大豆食品、乳製品などに含まれるトリプトファンを摂取することがよいとされています。

睡眠の専門家、ジョンズ・ホプキンス大学の脳神経科学者シャーリーン・ガマルドは、寝る前にホット・ミルクやカモミールティー（フラボノイドが眠りを促進！）を飲むことをすすめています。

「温かい飲み物」でリラックスすることを、ベッドルームに入るまえに習慣づけてしまいましょう。これは1分でできますね！

また、寝る1時間前に入浴するのも、入眠をうながすのには効果的です。

入浴すると体が温まり、一時的に体温が上昇。その後、徐々に体温が下がるにつれ、眠くなっていきます。この体温の下がるタイミングに合わせて布団やベッドに入ると、自然と眠気が訪れます。

とはいえ、サーカディアンリズムに乱れが生じているうちはスムーズに眠れない日もあるでしょう。そんなときは悲観せず、横になってのんびりしてください。眠ろう眠ろうと必死になるのではなく、まずは眠る準備（プレ睡眠習慣）をつけましょう。

私はクライアントから「眠れない」と相談されたときは、**「寝なくていいんじゃない？」「横になって好きなことばっかり考えよう」「ベッドに入ったら反省しない、明日のことを考えない！」**と答えています。

いっそ「眠らなきゃ」という気持ちをあきらめてください、寝つきが悪くてＯＫです。
そうあきらめたときにはじめてスーッと眠れるようになった、という人が私のクライアントさんの中にはたくさんいます。プレッシャーを手放すと、布団に入ってから、眠りにつくまで「1分」ということも可能。

1分自己肯定感！

スーッと眠れる「1分プレ睡眠習慣」

ホット・ミルクやカモミール・ティーでリラックス。「眠らなければ」というプレッシャーを手放す

それでも日中に睡眠不足を感じたら、日中のスキマ時間に1回15分くらいの仮眠の習慣を導入しましょう。眠りに落ちなくても、目を閉じてゆったりしているだけで脳の疲れは十分に回復することがわかっています。

「力を抜くべきとき」を知る

夕暮れどきになって、特に思い当たる理由もないのに、不安になったり、気分が落ち込んできたりした経験がありませんか？

これは自律神経の働きと関係しています。

自律神経は交感神経と副交感神経のバランスがよいことで適切な状態に保たれますが、車でいうとブレーキの役割を果たす副交感神経は夕方以降に優位になっていきます。これは心身をリラックスさせる自然な反応ですが、そこに1日の疲労やなんらかのストレスが重なると、気持ちが落ち込んでしまうことがあるのです。

もちろん、仕事や人間関係など、気分が落ち込むような出来事、トリガーとなる事件はあったのかもしれません。ただ、暗い気分が特定の時間や条件で強まるなら、それは人間の特性から来るものです。

思い当たる理由もなく、気分が落ち込んだときは、にぎやかで明るい場所に出かけてみるのです。すると、交感神経が優位になり、不安や落ち込みが改善されるはずです。

1分コーチング　テクニック㉖

疲れをなくす極上の「1分ボディメンテナンス」

逆に、忙しい毎日が続いて、神経が高ぶって眠れない……といった悩みがあるときは副交感神経を優位にするような対策が効果的です。

私が日ごろから実践しているのが、肩甲骨まわりのストレッチです。

自律神経は延髄《えんずい》、頸椎《けいつい》、腰骨から仙骨に向かって伸びています。その途中にある**肩甲骨まわりの筋肉を動かし、温めることで副交感神経の働きがよくなり、リラックスした状態がつくれます**。

具体的には、肩甲骨を意識して肩を前方向、後ろ方向に30秒ずつぐるぐる回し、手元にあれば肩甲骨の中央に使い捨てカイロを張りましょう。

これだけで体が勝手に怠けてくれます。

他にも、目頭のくぼみあたりをぐっと押し、眉毛とまぶたの際を揉みほぐす目のマッサージ、ガムを噛んで唾液を分泌させるだけでも副交感神経が優位になります。

こうして意識的にリラックスする時間をつくっていくと、アイデアも活発に生まれます。

1分自己肯定感！

極上の「1分ボディメンテナンス」

一瞬でスッキリ！　煮詰まったら、肩甲骨をグルグル回し、目頭をグーッと押してマッサージ

副交感神経優位のリラックスした状態が直感力を高めるからです。

集中力を発揮したいときは交感神経優位を、ひらめきを求めるときは副交感神経優位を、意識的に使い分けるのがコツ。

考えても、考えてもヒントが出ないとき、ミーティングを重ねても打開策が見えないとき、粘り強くとどまるのではなく、「ま、いっか」といったん手放し、散歩に出たり、シャワーを浴びたり、仮眠をとったり……。

また、几帳面かつ、完璧主義の傾向があり、こうした切り替えが苦手という人は、**意図的に怠ける時間をスケジュールに盛り込むよう**気をつけてみてください。

スケジュール帳を開き、自分が多くの時間を割いている事柄を書き出して、本当に必要な行動かどうか精査しましょう。そのうえで、やらなくてもいいこと、短時間にまとめられることが見つかったら、空き時間として確保します。

空き時間にはなにもスケジュールを入れないでください。意識的に怠けてしまいましょう。1分間だけでも力の抜き方を変えてみるだけで、自己肯定感の高まりを感じるはずです。

「SNS」から距離をおく

私たちの生活に切っても切れない身近な存在となったSNS。

私もツイッター、インスタグラム、フェイスブックを活用し、楽しんでいますが、自己肯定感を切り口にSNSを考えると、少し心配な点もあります。

それは「他人との比較」の機会が増えてしまうことです。

近年アメリカでは、不安感や恐怖感からSNSを見続けてしまう現象を示した略語「FOMO」(Fear of Missing Out=見逃してしまうことや取り残されることへの恐怖)が流行し、人とのつながりが広がる中での自分を見失う人が話題になりました。

「自分が知らないだけで、仲間は集まって盛り上がっているんじゃないか」

「○○さんが行ったスポットに自分も行かないと話題についていけなくなるかも」

「友人たちは公私に充実しているのに、自分は地味な毎日で取り残されているのでは？」

SNSを通じて見る友人、知人の日常が自分のそれよりも華やかで、充実しているのではないか？ 自分と誰かの差異に目がつき、知らずしらずのうちに比較して、焦りやイラ立ちといった不快の感情を覚えることで自己肯定感はゆっくりと下がっていきます。

しかも、他人との比較によって自己肯定感が揺らいでしまったとき、私たちは周囲から認められたいという承認欲求がますます強くなります。

承認欲求は誰もが持っている欲求ですが、自己肯定感の低いときほど他者からの評価が気になります。残念なことに、そのメカニズムとSNSのしくみは相性が抜群です。

1分コーチング　テクニック㉗

SNSを最高の自己実現ツールにする「フォーカシング・スキル」

つながっている友人、知人に認められたい。

精神的なぐさめを求めての行動は、動機が「楽しいからやりたい」ではなく、「承認欲求を満たすため」なのでやってもやっても満たされません。不安や焦りが動機になるので、そんな自分に無力感を覚えて、自己肯定感を下げる要因になりえます。

ＳＮＳを使う上で気をつけたいのは、「認めてもらわないと！」「これをやらなければ！」という気持ちが強くなったら、「自己肯定感が低くなっているのかも」と疑ってみることです。

1分自己肯定感！

SNSの「フォーカシング・スキル」

SNSをどう使うかは、自己肯定感を大きく左右する。「目的」を明確にし、自分の成長ツールとして使うこと

◆複数のＳＮＳを使いこなそうとして混乱していないか？

◆自分の中で最も優先順位が高いサービスはどれか？　その理由は？

◆何のために使いたいのか？　どう使ったときに満足感を得られたのか？

複数のＳＮＳを同時並行で使うのは時間のムダづかいにもなり、他人との比較にさらされる確率を高めます。すべてを断捨離する必要はありませんが、利用しているＳＮＳに優先順位をつけましょう。その際の基準になるのは、自分の充実感や満足感です。

みんながやっているから、関係性を維持したいから参加するのではなく、**自分の生活の実用面をサポートするツールとして「目的をはっきりさせる」**こと。

たとえば、インスタグラムで自分の生活の華々しい部分を発信するのではなく、おいしいランチの店を写真から探すツールとして役立ててみる。ツイッターを読書中に気になったフレーズをアウトプットする要約ツールとして使ってみる。

そんなふうに「**役立て方を考える**」だけで、ＳＮＳは最強の自己実現ツールへ変わっていきます。

「1駅歩く」チャレンジをする

以前、対面でのメンタル・コーチングにやってきたご夫婦が、目の前で夫婦ゲンカを始めたことがありました。

金銭感覚の違いや生活習慣のすれ違いなど、家にいるときは本音を出さないで我慢していることが、私が投げかけた質問に答える形で表に出てしまったからです。なにもその夫婦が特別ではなく、何組ものカップルが揉める現場に立ち会いました。

そんなとき、私はひととおり、2人がヒートアップするに任せて見守るようにしています。そして、ネガティブな感情を吐き出し切ったかな……というタイミングで「近くにいい河川敷があるので歩きませんか?」と、2人を散歩に誘い出すのです。

あるいは、経営状態が悪化し、悩んでいる経営者の個人コーチングのときはあえて待ち合わせ場所をセッションルームから離れた駅前にして、そこから神社や公園を通り抜けるルートを歩き、「梅が咲きましたね」なんて言いながら、話を聞くことにしていました。

いわば、「散歩コーチング」。散歩がもたらす3つの効能は抜群です。

1　物事のとらえ方のバランスが整う

物事のとらえ方がアンバランスになっていると、出来事を白か黒で受け止めやすくなります。たとえば、小さなミスに対しても「自分はなんてダメなんだ」とネガティブに考えてしまう。パートナーの欠点ばかりに着目して、「アイツが100％悪い」とレッテルを貼ってしまう。事実としてあるのは「小さなミス」や「相手の欠点」だけで、それを上回るいい面があったとしても、そちらには目が行かないわけです。

散歩は、そんなアンバランスな状態を修正してくれます。深い呼吸と自然との触れ合いが副交感神経を活性化。視点を自分の内側から外界に向けるだけでも感情が落ち着き、客観的に物事をとらえられるようになります。

2　ストレスが軽減する

神経科学や脳科学でも、10分程度の散歩によって幸福感を与えてくるホルモン、セロトニンやドーパミンが分泌され、ストレスホルモンの1つとされるコルチゾールが減少すると報告されています。

3 いいアイデアが出る

神経科学の研究では、**散歩をすることで脳内の血流が改善。脳の実行機能、つまり仕事への集中や予想外の出来事への対処などをつかさどる機能の働きを助ける**ことがわかっています。その結果、歩いているあいだに創造的なアイデアが下りてくるのです。

1分コーチング　テクニック㉘

自己肯定感がみるみる高まる「行動習慣」

歩くことにデメリットはありません。健康面、メンタル面に好影響があり、手軽で、お金もかからず、これだけで感情や物事のとらえ方を整えてくれます。

◆いつも使う自転車で通っている駅までの道を徒歩にしてみる
◆朝、30分早起きして、歩いていく余裕を持つ
◆思いきって犬を飼って、散歩のパートナーになってもらう
◆オフィス内の移動はエレベーターではなく、階段を使う

もちろん、義務感で歩く必要はありません。

「今日は晴れていて、気持ちがいい！」など、外に目を向け、体全体で心地よさを感じて歩いてみてください。1分もかからず自己肯定感が高まるのを実感できるはずです。

1分自己肯定感！

スキマ時間でできる「行動習慣」

散歩はメンタル向上に直結する！　深呼吸しながら大股で歩く——それだけでスーッと自己肯定感が高まる

「体が喜ぶ食事」をする

絶え間なく全身に血液を循環させている心臓や血管の細胞をつくるのも、思考や感情をつかさどっている脳の働きを支えるのも、自分が口にする食事です。

たとえば、塩分や動物性脂肪の多い食事が血管に悪影響を与えること、ブドウ糖が脳のエネルギー源となることはよく知られています。**食べ物から得る栄養は、あなたの体、あなたのメンタルに強い影響を与えている**のです。

私は以前、引きこもっている若いクライアントに会うとき、お弁当をつくって持っていく「**お弁当カウンセリング**」を行っていました。ご両親に「子どものころ、よくつくっていた料理はありますか?」と聞き、好物の料理を弁当箱に詰め込むのです。

メンタルに変調をきたしているとき、食事生活も乱れがちですが、栄養のある食事を摂れないと、メンタルのバランスはますます崩れてしまうという悪循環に。

なにより、食事の喜びは幸福感に影響する3つのホルモンを分泌させます。

◆セロトニン……感情のコントロールに重要な役割を果たすホルモン
◆ドーパミン……やる気や楽しさをもたらすホルモン
◆オキシトシン……ストレスを軽減し、安心感をもたらすホルモン

これはカウンセリングにかぎらずいえることですが、「体を喜ばせる」おいしいごはんを気の置けない親しい人とゆっくり食べる習慣のある人は、幸福度が高くなります。

1分コーチング テクニック㉙

超一流の人がやっている「パワーアップ食事術」

では、具体的にどんなメニューが「体を喜ばせる食事」になるのでしょうか。さまざま

な食事法がありますが、**大規模な追跡調査で、世界的にも効果が立証されているのが「地中海食」**です。地中海食は、主にギリシャや南イタリアなどの地中海沿岸で摂られる食事で、次のような特徴があります。

◆野菜を多く摂る
◆脂肪分は、オリーブオイルなどの良質なものから摂取する（動物性の油やサラダ油は控えめに）
◆タンパク質は、魚介類を中心に摂取する
◆チーズやヨーグルトも摂取する
◆肉類は、鶏肉を多めに。牛肉や豚肉といった赤身肉はごく少量に

もちろん、毎食すべてを地中海食にする必要はありません。ジャンクなファストフードを食べたい日もあるでしょう。その気持ちは抑え込まず、好きなものを食べてください。ただし、回数を減らし、多くても週に1食に。そういった自分なりの節制を実現するためにも、日々食べたものについて**「食事日記」**をつけることをおすすめします。

メニューをノートにパッと1分で書き残す、あるいはスマホで写真に撮るだけでも十分。週1回ペースでこの食事日記を見返し、何を食べた後に心身のコンディションがよかったかを把握していきましょう。

1カ月ほど続けると、一定のパターンがわかり、あなたにぴったりの食習慣が見つかるはずです。

じつは私が過去コーチングした、上場の経営者、元Jリーガー、一流のビジネスパーソンたちはみな、この食事術で自己肯定感を上げ、年収も業績も1・5倍以上になったという実績つきです。

1分自己肯定感！

一流の「パワーアップ食事術」

食べたものをスマホでパッと記録！「食事日記」をつけて自分のコンディションをベストに近づけよう

日常をシンプル化する

あなたには毎日、意図的に必ずやっている「ルーティン（日課）」はありますか？

たとえば、デンマークの哲学者のセーレン・キルケゴールは散歩を日課にしていました。歩いている間に最高のアイデアを得て、それを一刻も早く書き止めるために一目散に家に戻り、帽子をかぶったまま、ステッキや傘も置かずに、机の前に立って書き始めることもあったそうです。

また、『老人と海』で知られる作家のアーネスト・ヘミングウェイは、執筆に取りかかるあいだは毎朝、夜明けとともに起き、できるだけ早く書き始めていました。誰にも邪魔されない時間帯に小説を書き進め、毎日書いた語数を記録していたそうです。

脳科学や心理学の研究によって明らかになったのは、**自分で決めた日課やルーティン**

ワークに集中すると、ムダな思考や感情のブレ、「決断疲れ」を減らす効果があること。

その結果、「感情、物事のとらえ方、行動」のトライアングルがバランスよく回転し、大切なことに意識を向けることができるのです。

1分コーチング　テクニック㉚

ブレない自分の軸をつくる「小さなルール」

改めて、あなたには毎日、意図的に必ずやっている行動がありますか？

まずは自分の日課、ルーティンワークを書き出してみてください。所要時間は1分です。

私の場合……、

◆地方出張でホテルに泊まったときは、朝起きたら必ず窓を開け、空気を入れ替える

◆朝、起きたら、シャワー、掃除、洗濯、瞑想

◆朝食は食べない

◆開店時間に合わせて近くのカフェに行き、コーヒーを飲む

◆スタッフとのメールは10時までにまとめて行う
◆1週間以内に苦手な出来事に挑むときは、直前直後に好きなこと、楽しいことを入れる
◆昼はたくさん食べ、必ず野菜と果物もメニューに加える
◆夕食は少なめ（腹8分目）

書き出してみると、思った以上にたくさんのルーティンがありました。これらは私の中で「必ずやる」ルールです。
こうした「小さな日課」や「ささやかなルーティン」を増やし、実行していくことで自己肯定感が高まり、心の健康が増幅されると考えます。実際に医学誌『ランセット　精神医学』に掲載された論文でも、**日中のルーティンが夜の睡眠の質を安定させると**述べられています。

たとえば、毎朝駅まで歩いている人なら、「1週間ごとにルートを変える」というルーティンを取り入れてみる。あるいは、「通勤電車で毎日、違う車両に乗ってみる」ことを日課にしてみる。違う高度で、違う風景を見ることが脳への小さな刺激になります。

また、休みの日は時間を決めて掃除するようにしたり、「晴れた日曜日の朝は洗濯する」をルーティンにしたり。きれいになった！　という小さな達成感を得ることで、自己肯定感がじわじわと高まっていきます。

日課やルーティンが多いのはつらいことのように考えられがちですが、じつは習慣化された作業を行うとき、人はさほど疲れを感じません。自転車は一度、乗れるようになってしまえば、自動的な動作です。

同じように習慣となった日課やルーティンは、日々の暮らしに安定と安心をもたらし、創造性を伸ばします。

1分自己肯定感！

日常を「ルーティン化」する

やるべきことは、毎日決まった時間に組み込んで「自動化」すると、自己肯定感はたちまち強く安定する

「1日1親切」を意識する

私はビジネスホテルに泊まったとき、チェックアウト前に必ずしていることがあります。それは掃除です。チェックインしたときよりもきれいにして、清掃のスタッフあてに「ありがとうございました」とメッセージカードを書いて部屋を出ます。

洗面台や鏡まで磨いてスッキリするのは、完全に自己満足でしょう。

でも、このスッキリ感には科学的裏づけがあります。心理学を中心に「親切」に関する研究は頻繁に行われており、次のような効果があることが突き止められています。

◆幸福感の向上につながる
◆不眠症が改善される

◆ホルモンバランスが整う
◆時間に対する焦りがなくなる
◆自信が得られる

また、カリフォルニア大学が主導し、実際の企業で行われた実験では同僚に親切にした社員の仕事への満足度が向上し、不安が減少。さらに親切にされた側は、他の社員へ親切な振る舞いをするようになったそうです。しかも、親切にした側、された側ともに仕事への自信が向上したこともわかっています。まさに「情けは人のためならず」。

スタンフォード大学の心理学者ジャミール・ザキは「親切な行いはそれを目撃した人の脳に影響を与える。気分を高め、**〝恩送り〟をする**ようになる」と書いています。

〝恩送り〟とは、**誰かに受けた親切を、別の誰かに渡していく行為**のこと。〝恩返し〟ではないことがポイントです。

落ち込んでいるときに誰かにやさしくしてもらったら、その親切を別の機会に、別の困っている誰かにしてあげる――こうすることで親切な行為が、あなたを起点にして、爆発的に広がっていきます。

1分コーチング　テクニック㉛

親切の相乗効果「ランダム・アクト・オブ・カインドネス」

こうした親切が持つポジティブな力に着目し、アメリカで流行したのが「ランダム・アクト・オブ・カインドネス」という活動です。これはカリフォルニアで編集者をしていたアン・ハーバートという女性が提唱した取り組み。自分なりのルールを設定して、「ランダムに誰かに親切にしてみる」ということです。

◆今日1日、3人の友人、知人、家族などに感謝の言葉を伝える
◆5人の仕事仲間に、相手を褒めたり認めたりする肯定的なメッセージを送る
◆カフェやコンビニなど、レジで対応してくれた人に「ありがとう」と声に出して伝える
◆スマホのアラームを設定して、日中の3つの異なる時間に鳴るように設定。その瞬間、他の誰かのためになにか親切なことをする
◆オフィスの警備員、職場のスタッフ、バスの運転手など、あなたが毎日顔を合わせてい

る人たちの名前を覚え、名前を呼び、あいさつをし、感謝を伝える

私はふせんとハガキを持ち歩き、仕事でお世話になった人に「感謝の気持ち」を書いて渡すことにしています。「一筆」なので、送る側も受け取る側もプレッシャーはゼロ。

みなさんも「できそう」と思えたものを**1つ、2つ実践してみるだけでOK**です。

そして、その直後、どんな感情になり、物事のとらえ方がどう変わったかを手帳にメモしておきましょう。親切の持つ力に気づくことができるはずです。

1分自己肯定感！

「ランダムに親切にする」

たとえば、コンビニでお釣りをもらうときに、店員さんの目を見て「ありがとう」と伝えてみる

「学び」に貪欲になる

あなたは最近、なにか新しい「学び」に挑んだことがありますか？　もちろん、本書を読むことも1つの学びではありますが、一般的には大人になると新たになにかを学ぶ機会が少なくなってきます。

仕事や子育て、はたまた介護などに忙殺される日々、自由に使える時間が削られ、目の前の雑事に対処しているうち、「なにかを学ぼう！」と思うことじたいがなくなってしまうのは自然なことかもしれません。

しかし、何歳からでも「学ぶ」という行動に出ることには意味があります。

過去の研究では、中高年の男女を集め、「合唱」「美術」「文芸」「語学」「作曲」「ITスキル」などのコースのいずれかに数カ月参加してもらうという実験を実施。コースの終了後、参加者の状態をチェックすると、こんな効果が確認されたといいます。

◆学んだコースにかかわらず、「人生の満足度」が大きく上昇
◆自己肯定感が増した人が大半を占めた
◆目標や計画を立て実行する認知コントロール機能が上昇
◆短期記憶、長期記憶の機能がそれぞれ向上した

新しい知識を学んだ刺激だけでなく、その場で出会った人たちとの新たな人間関係も、脳の機能に大きく影響を与えたはずです。

「仕事に必要な資格を得るため……」「ビジネススキルを磨くため……」といった必要にかられた学びに限定せず、好奇心のおもむくままに新たなコミュニティに飛び込んでみましょう。うまくいっている人たちは時間をやりくりし、常になにかを学んでいます。

なぜなら、かけた時間以上のリターンがあることを知っているからです。学びによって知識や教養が深まる以上に、人とのつながりが広がり、行動の量が増え、物事のとらえ方も柔軟になっていきます。

特に20代、30代のうちはお金を貯めるよりも、学びのための自己投資に使うことをおすすめします。知的探究心、好奇心による経験が蓄積され、結果的に、自分の強みになっていくことがしばしばあります。

1分コーチング　テクニック㉜

やる気に火をつける「WOOPのテクニック」

なにかを学びたいと思っても、やる気やモチベーションが長続きしないことはよくあることです。

そんなとき、おすすめしたいのが「WOOP《ウープ》のテクニック」。これはアメリカの心理学者ガブリエル・エッティンゲン博士が20年の研究の末に体系化した、目標達成を円滑にするやり方です。

「WOOP」は、「願望（Wish）」「結果（Outcome）」「障害（Obstacle）」「計画（Plan）」の4つのステップの頭文字を取ったもの。特徴的なのは、「障害」という成功をはばむネガティブな要因を事前に細かく分析することです。博士によると、このステップが目標達成率を高めてくれるといいます。

では、さっそく具体的な使い方に入りましょう。身近な学びとして、読書を題材にしながら、解説します。

STEP1「Wish（願望）」では、自分が成し遂げたいことを書き出します。

ただし、高すぎる目標はNGです。たとえば、「1日1冊本を読む！」と意気込んでも、ただスローガンで終わってしまいます。達成するのが少し難しいけれど、がんばればできそうなゴール、読書なら「週に1冊」程度の目標を設定します。

STEP2「Outcome（結果）」です。STEP1で立てた目標を達成したとき、どんないいことがあるかを書き出します。

たとえば、「月に4冊、年間48冊の読書で知識が深まる」「読書を通じた友人、知人が増える」「読書力が増す」「知的好奇心が広がる」など。

STEP3「Obstacle（障害）」は、どんなときに自分は挫折してしまいそうか？　何が読書を続けるのをはばむ原因になりそうか？　をリアルに想像します。

「平日は仕事で疲れてしまい、本を開けない」「書店で読みたい本を買いすぎて、積ん読にしてしまい、読む気力が続かなくなる」など。

1分自己肯定感！

学びを加速「WOOPのテクニック」

学びのスタートは、「ハードルを低く」がコツ。
読書も１週間に１冊を目標に。

STEP４「Plan（計画）」では、③で思い描いた障害にぶつかったとき、どうすればそれを克服・回避できるかの計画を立てます。

「仕事の後は読めないなら、1時間早起きして、早朝に読書の時間をつくる」「月に購入する冊数の上限を決める」「1冊読んだら、気軽に読めるマンガをはさむなど、読書にメリハリをつける」「読んだ本の内容をＳＮＳなどで発信し、読書仲間をつくる」など。

「ＷＯＯＰのテクニック」は読書にかぎらず、あらゆる「学び」が３日坊主になるのを防いでくれます。

自分にとっての新しい知識を学び、専門性を持つことは自己肯定感を高めます。特に、自分が楽しいと思えるテーマは継続がしやすいですし、「これが強み」と思えるものが手に入れば、物事のとらえ方もいい方向に変わっていきます。

ネットで検索すれば答えが出てくる時代だからこそ、コツコツと学び、見識、教養を磨くことに大きな価値が出てくるのです。

「学ぶか、学ばないか？」ではなく、「学ぶか、学び続けるか？」。

そう自分に問いかけていきましょう。

「マインドフルな時間」を持つ

近年話題になった「瞑想」「マインドフルネス」という言葉。脳画像の撮影・解析技術が発達したことで、アメリカの心理学者リチャード・デビッドソンらによっても、瞑想に次のような科学的効果があることが証明されています。

◆集中力・生産性の向上
◆ストレスレベルの低下
◆認知機能の向上
◆感情のコントロール機能の改善
◆うつ的症状、不安感の緩和

私たちの生活は、目覚めてから眠るまで膨大な情報にさらされています。日ごろはあまり意識することはありませんが、脳は受け取った1つひとつの情報を処理するために酷使されているのです。

また、本来は脳が回復するはずの睡眠中も、多くの情報にさらされた脳内ではクルマのアイドリング運転のように「デフォルト・モード・ネットワーク（DMN）」と呼ばれる活動が行われています（134ページでも紹介しました）。

これが十分に眠ったはずなのに頭がすっきりしない理由の1つだといわれています。

瞑想にはDMNの活動を鎮める働きがあり、ストレスを受けたときに分泌されるホルモン「コレチゾール」が減少。「オキシトシン」という幸せホルモンが分泌されます。

1分コーチング　テクニック㉝

1分で脳疲労を取る「瞑想×自己肯定感」

瞑想を実践するのに複雑な条件や道具は必要ありません。正しい呼吸のリズムを保ちつつ、深くリラックスすることができる「中島式マインドフルネス瞑想法」を紹介します。

立ったまま、1分でOK。次の5つのステップで行ってみてください。

STEP1 おなかに意識を集中させる

吸って吐く呼吸に意識を向けながら、丹田（おへその下。全身の気が集中するポイント）に手のひらを当てて集中。ゆっくりと息を吸い、長く細く吐いていく

STEP2 足を肩幅に合わせて開く

両足の裏で地面をしっかり踏みしめ、地球を感じるイメージをふくらませる。鼻からゆっくり、大きく息を吸っていく

1分自己肯定感！

心をスッキリ整える「瞑想法」

心が乱れたときは、息を大きく吸って、長ーく吐き切ることを1分間続けるだけで自己肯定感がアップする

STEP3　ゆっくりとおなかをへこませながら、息を吐ききる

このステップを少なくとも1日1回、なにかメンタルを動揺させることが起きたとき、あるいは日中いつでもやってみましょう。

2週間ほど続けると、体、感情、思考、呼吸の乱れが収まってきます。

瞑想によるメンタル強化は、効果絶大。脳疲労を回復し、集中力を高め、さらに自己肯定感を高めてくれます。

レイ・ダリオ（アメリカを代表するヘッジファンド「ブリッジウォーター・アソシエイツ」CEO）、マーク・ベニオフ（「セールスフォース・ドットコム」創業者）、など、ビジネス界の超大物たちが、瞑想を取り入れるのもうなずけます。彼らの「強く、しなやかな心」は瞑想を通じて獲得されているのです。

エピローグ

自己肯定感を高めるために、今、何ができるのか

本書では、「1分」という「短い時間」にこだわって、自己肯定感を上げるテクニックをご紹介してきました。

今すぐ思い立ったら実行でき、効果を実感していただける「即効性」はもちろんですが、もう1つ、心に留めておいてほしいことがあります。

それは、**どんな大きな夢や成功も、この「1分」の小さな積み重ねでしか成し遂げられない**ということです。

アメリカのベストセラー作家で、『複利で伸びる1つの習慣』（パンローリング）を書い

たジェームズ・クリアーは〝圧倒的な結果を収める人〟のことを、こう述べています。

「なんでもない平凡な日々に何をしているかが、今後、あなたが〝誰も成し遂げられなかった奇跡の日〟を起こせるかどうかを左右する」と。


そう、どんなことでも人生において大きな成功を手に入れる人は、日常のちょっとした努力によって達成できる「小さな結果」を、すかさずバネにしています。

たとえば、彼らは「自分は人になにかを教えるのが得意なんだな」「人より細やかな気づかいができるんだな」「数字を読むのが得意なんだな」など、自分が持っている、ささいな「プラスの要素」を見逃すことがありません。

その「自分の強み」は、これまで努力と経験を積み重ね、能力の限界を突破してきたからこそだと自覚することで、ますます本書でご紹介した「1分」のメソッドが活きてくるでしょう。

私自身、多くのクライアントにコーチングを行ってきた経験上、大いに実感するところです。**あらゆることにおいて結果を出せる人は、どんなときも「具体的」に自分がすべきことを言えるのですが、なかなかうまくいかない人ほど、見ている将来が「抽象的」**です。

うまくいかない人は、抽象的に「やせたいなあ」とぼやきますが、うまくいく人は、具体的に「晩ごはんは炭水化物抜きにしよう」と決めます。

本書では、より高い自己肯定感を保つための、できるだけ具体的なスキルをみなさんに解説してきました。

スタンフォード大学の心理学者キャロル・ドゥエックも、こう記しています。

「持って生まれた才能、適性、興味、資質は1人ひとり異なるが、努力と経験を重ねることで誰でもみな大きく伸びていけるという信念を持つ――それが、その後の人生に大きな開きをもたらす」のだと。

思いどおりにいかなくても、いや、うまくいかないときにこそ、粘り強くがんばれるかどうかが、人生を左右するのだと。

さあ、今から「1分」で、あなたは何をやりますか？

自己肯定感の第一人者／自己肯定感コーチ　中島　輝

編集協力　佐口賢作
イラストレーション　水落ゆうこ
本文・図版デザイン　石垣由梨（Isshiki）
帯写真　©iStock.com ／ Imgorthand

一瞬でメンタルが強くなる33のメソッド
1分自己肯定感

2020年4月16日　第1刷発行

著　者　　中島　輝
発行者　　鉄尾周一

発行所　　株式会社マガジンハウス
〒104-8003　東京都中央区銀座3-13-10
書籍編集部　☎03-3545-7030
受注センター　☎049-275-1811
印刷・製本所　株式会社リーブルテック
ブックデザイン　遠藤陽一（DESIGN WORKSHOP JIN）

ISBN978-4-8387-3092-6 C0095